幼儿园岗位工作必备

学前教育教研员工作指南

北京教育科学研究院早期教育研究所 组织编写

刘丽 赵兰香 刘洁 陈立 马春杰 丁文月 编著

Xueqian Jiaoyu Jiaoyanyuan Gongzuo Zhinan

北京师范大学出版集团
BEIJING NORMAL UNIVERSITY PUBLISHING GROUP
北京师范大学出版社

图书在版编目（CIP）数据

学前教育教研员工作指南/刘丽等编著.—北京：北京师范大学出版社，2018.7（2023.1重印）
（幼儿园岗位工作必备丛书）
ISBN 978-7-303-23587-2

Ⅰ.①学… Ⅱ.①刘… Ⅲ.①学前教育－教学研究－指南 Ⅳ.①G612-62

中国版本图书馆 CIP 数据核字（2018）第 057471 号

图书意见反馈：gaozhifk@bnupg.com　010-58805079
营销中心电话：010-58802181　58805532
编辑部电话：010-58808898

XUEQIAN JIAOYU JIAOYANYUAN GONGZUO ZHINAN

出版发行：北京师范大学出版社　www.bnup.com
北京市西城区新街口外大街 12-3 号
邮政编码：100088

印　　刷：	北京溢漾印刷有限公司
经　　销：	全国新华书店
开　　本：	787 mm×1092 mm　1/16
印　　张：	11
字　　数：	208 千字
版　　次：	2018 年 7 月第 1 版
印　　次：	2023 年 1 月第 3 次印刷
定　　价：	30.00 元

策划编辑：罗佩珍　　　　责任编辑：康　悦
美术编辑：焦　丽　　　　装帧设计：焦　丽
责任校对：李云虎　　　　责任印制：陈　涛

版权所有　侵权必究
反盗版、侵权举报电话：010-58800697
北京读者服务部电话：010-58808104
外埠邮购电话：010-58808083
本书如有印装质量问题，请与印制管理部联系调换。
印制管理部电话：010-58808284

前　言

　　教研工作是将理论与实践相联系的一座桥梁。它研究理论在实践中的运用策略，解决实践中的问题，同时又用理论武装实践者。教研工作从诞生之日起，就肩负着提高学校教育质量和促进教师专业发展的双重任务。从理论上说，教研工作是学校工作的得力助手，是教师工作的有力帮手。教研员，这个被称作"世界教育史上独一无二的群体"，任务艰巨，使命光荣。然而，以教研员工作内容为主题的书十分少见，而以学前教育教研员工作内容为主题的书更是凤毛麟角。于是，我们斗胆编写这本工作指南，旨在使之成为学前教育教研员尤其是新手教研员工作的好帮手。

　　本书由六章组成。第一章"绪论"，简述了中国教研制度的发展历史、新时期教研工作的定位、学前教育教研员的工作职责和内容、专业要求等。第二章是"学习与发展"。打铁先要自身硬。我们始终认为，教研员自身的学习与发展是首要问题，因此专门辟出第二章来讨论教研员的学习与发展问题。第三章至第六章按照教研员的工作职责分别阐述了"指导与服务""培养与跟进""研究与改革""管理与评价"，重在陈述教研员工作的具体内容及其方法策略。

　　北京教育科学研究院早期教育研究所牵头组织了本书的编写工作。本书由刘丽主编。她负责编写体例的制定、人员的分工、通稿的修改。各章分工如下：第一章由刘丽撰写；第二章由赵兰香撰写；第三章由刘洁撰写；第四章由陈立撰写；第五章由马春杰撰写；第六章由丁文月撰写。

　　本书作者全部为北京市市级、区级学前教育专职教研员，她们从事学前教育教研工作多年，具有丰富的教研工作经验。趁着这本书的编写之际，她们认真、努力地把自己多年积累的丰富的教研工作经验进行了梳理、归纳和提升，以期用自己的智慧回馈钟爱的教研事业。然而由于水平和时间有限，本书的错误、纰漏在所难免，诚恳希望广大读者不吝赐教，以使这本工作指南日臻完善，希望大家共同为提高学前教育教研工作水平而努力。

在此书的撰写过程中，北京各区（县）学前教育教研室及部分幼儿园给予了大力支持。在制定本书编写提纲和修改书稿的过程中，策划编辑罗佩珍老师给出了非常有建设性的建议，并在我们写作过程中提供了很有价值的参考资料。责任编辑康悦认真敬业的工作态度保证了本书准确地呈现在读者面前。对于以上人员付出的智慧和劳动，在此一并致谢！

作　者
2018 年 3 月

目 录

第一章 绪 论 … 1

第一节 中国教研制度的发展历史 … 1
一、新中国成立以前 … 1
二、新中国成立初期至"文化大革命"前 … 2
三、十一届三中全会后至20世纪末 … 3

第二节 新时期教研工作的定位 … 4
一、建立以校为本的教研制度 … 4
二、定位新时期的教研室工作 … 5

第三节 学前教育教研员的工作职责和内容 … 7
一、指导与服务 … 7
二、培养与跟进 … 7
三、研究与改革 … 8
四、管理与评价 … 8

第四节 学前教育教研员的专业要求 … 8
一、教研员的核心素养 … 9
二、学前教育教研员的核心素养 … 10

第二章 学习与发展 … 12

第一节 学习内容 … 12
一、政策法规 … 12
二、专业知识 … 17

第二节 学习方式 … 24
一、专题式接受学习 … 24
二、任务式实践学习 … 25
三、主题式补缺学习 … 25
四、松散式随机学习 … 27

第三节 专业发展 … 30
一、专业思想不断巩固——专业思想是教研工作的内驱力 … 30

二、专业知识更加丰富——专业知识是教研质量的基础 …… 30
　　三、专业能力不断提升——专业能力是教研品质的保障 …… 30

第三章　指导与服务 …… 34
第一节　指导的内容及策略 …… 34
　　一、指导的内容 …… 34
　　二、指导的策略 …… 35
第二节　服务的内容及方式 …… 58
　　一、服务的内容 …… 58
　　二、服务的方式 …… 60

第四章　培养与跟进 …… 67
第一节　培养方案的制订 …… 67
　　一、培养方案制订的依据 …… 68
　　二、教师队伍现状调研 …… 69
　　三、培养方案的基本结构和制订方法 …… 80
第二节　培养方案的实施 …… 88
　　一、集中培训与跟进 …… 88
　　二、日常培养 …… 97
第三节　培养效果的评价与跟进 …… 101
　　一、培养效果的评价 …… 101
　　二、培养效果的跟进 …… 102

第五章　研究与改革 …… 113
第一节　研究活动的组织与实施 …… 113
　　一、研究内容及形式的选择 …… 113
　　二、研究过程及效果的保障 …… 127
第二节　研究成果的推广与完善 …… 133
　　一、研究成果的推广 …… 133
　　二、研究成果的完善 …… 136

第六章　管理与评价 …… 138
第一节　管理与评价的功能与基本视角 …… 138
　　一、管理与评价的功能 …… 138
　　二、教研员在管理与评价中的角色定位和基本视角 …… 139

第二节　管理与评价的基本内容 …………………………………… 142
　　一、保教制度建设的管理与评价 ………………………………… 142
　　二、保教工作质量的管理与评价 ………………………………… 146
　　三、保教队伍专业提升的管理与评价 …………………………… 158
第三节　管理与评价的实施方式 …………………………………… 165
　　一、搜集教育教学管理与评价信息的途径 ……………………… 165
　　二、开展教育教学管理与评价的基本方式 ……………………… 166
　　三、对教育教学管理与评价结果的反馈 ………………………… 168

第一章 绪 论

作为教研员，我们有必要对教研工作先有一个总体的认识，比如它的发展历史、定位、工作职责和内容、专业要求等。我们如果把握不住新时期教研工作的定位，就可能被一些琐碎的事情所纠缠，整日忙忙碌碌却碌碌无为，难以达成促进幼儿园教育质量提升这个终极目标。本章我们先概述一下中国教研制度的发展历史、新时期教研工作的定位、学前教育教研员的工作职责和内容、学前教育教研员的专业要求。

第一节 中国教研制度的发展历史[①]

一、新中国成立以前

（一）民国时期：由多类人员承担的教学研究与指导

教学研究与指导人员真正出现在民国时期。民国时期承担教学研究与指导的人员可分为三类：一是政府教育行政机关里的教学研究与指导人员，视学即为其中一例；二是民间各个教育组织中的专业人员，以教育家、师范教育学者为代表；三是学校或学区的人员，以优秀教师为代表。这三个团体虽然都承担了研究教育教学、指导教师的职能，但由于侧重点不同，给予教师的支持程度也有所不同。其中，视学主要承担教育检查、管理的职能；教育家、师范教育学者研究教育的诸种问题，大到学制改革，小到教法实施；优秀教师最接近教学现场，更多从经验分享的层面指导教师教学。所以前两者侧重于教学研究与指导，后者专注于教学的实践研究与指导。

在此背景下，我国部分省、县教师联合会或教育研究部得以成立、推广。教师联合会或教育研究部的教师定期通信，进行"普通研究和分科研究"。此外，我国南方规模较大的中小学校内部开始设立各种委员会，以处理校务、研究教学。1935年教育部颁发的《初等教育辅导研究办法大纲》（以下简称《大纲》），要求各省市组织三级（省、市、学区）初等教育研究会，研究小学行政、课程、教学方法、训育方法等问题。《大纲》一经发出后，江苏、天津、

[①] 参阅卢乃桂、沈伟：《中国教研员职能的历史演变》，载《全球教育展望》，2010（7）。

北京等地便按照要求，成立三级教育研究会，其会员由行政官员、督学、教育指导员、教育专家等组成，其主要研究的问题有学校行政、课程、教学、设备、训管方法等。由此可见，民国时期从事教育研究与指导的人员甚多，但都受到教育行政力量的监督。

（二）老解放区：由中心学校教师主导的教学研究、指导、分享

老解放区的教育不同于民国时期国民政府的教育。老解放区存在两大教育体系：学校教育和社会教育。前者以中心学校为主，形成学校教育网络；后者形式多样，包括干部教育、群众教育等，其教育对象有儿童，也有成人，是社会教育。老解放区也存在教师联席会或教员研究所之类的组织。中华苏维埃共和国中央教育人民委员部于1934年批准颁布《红色教员联合会暂行章程》（以下简称《暂行章程》）。《暂行章程》规定：红色教员联合会的任务是团结小学教员研究教授和管理儿童的方法；有组织、有计划地领导儿童参加革命，发展苏维埃小学的教育事业；改良教员本身的生活，实行教员互助。老解放区因人力资源缺乏，不具备开展由多类人员参加的联合会，也无力形成各种民间教育研究团体，但形成了中心学校辅导制度。中心学校既不属于民间研究团体，也不属于行政机构。中心学校集中了学区内较好的教育资源，辅导所在区的各个学校，指导教师工作，交流教学经验，组织课堂观察等，并负有向上级行政部门反映意见的职能。所以中心学校辅导制度是教育行政的一个助手。老解放区的教员研究所、教师联合会及中心学校辅导制度的主要功能在于促进教师之间的教学合作研究、经验分享，并受到教育行政的监督与管理。

二、新中国成立初期至"文化大革命"前

1954年，《教育部关于全国中学教育会议的报告》指出为了加强中学的业务领导，在地方党委和政府批准之下，地方可以成立教育研究室，负责管理当地中学的教学研究与教师学习问题。教研室的人员可在当地编制之内予以调剂。同年，中共北京市委发布《关于提高北京市中小学教育质量的决定》（以下简称《五四决定》），指出"市教育局、区文教科和学校的领导干部，应切实钻研教育业务，在业务上真正成为名实相符的内行；必须把主要的精力迅速地、坚持地放到教学研究和教学领导上去，系统地总结经验……交流和推广成绩优良的学校和模范教师的先进经验……切实改进教学"。《教育部关于全国中学教育会议的报告》与《五四决定》都强调了政府部门对教育的"业务领导"。这种领导的实施需借助特定的人员。在《五四决定》发布后，北京市教育局成立了中学、小学教学研究室；各区成立了教学研究组，由业务能力强的优秀教师组织、开展教研活动。

1956年，教育部在关于建立教学研究组织机构的指示中，提出各省、自

治区、直辖市应该有步骤地建立和健全教学研究室，或者通过教师进修学院加强对教学工作的领导。从此，我国各省加速了教研室的建制。从事教研活动的优秀教师也被授予教研员的称号。自20世纪50年代确立教研室之后，我国逐渐澄清了"教研组"与"教研室"的概念：附属于行政机构的省、市、县（区）级的教学研究组织称为教研室，学校内部以学科为基础的教学研究组织称为教研组。有的教研室设置在教师进修学院之内，有的由教育局（科）直接领导。教研员大多来源于骨干教师或校长，属于教育行政干部编制，通过公开课、集体研讨、经验推广、讲座等形式对教师做出指导。

三、十一届三中全会后至20世纪末

十一届三中全会以后，随着国家对各项事业的拨乱反正，在"文化大革命"期间处于瘫痪状态的教研工作也逐步走向正轨。国家相关部门出台了一系列文件，用以规范教研工作。1980年8月，《教育部关于进一步加强中小学在职教师培训工作的意见》明确指出："省、地（市）、县教学研究室在提高中小学教师文化业务水平方面积累了较丰富的经验，今后应在开展教材教法学习研究过程中，努力培养教师的业务能力，为教师进一步系统学习文化、专业知识创造条件。"由于当时我国大部分地区在应试思维的影响下，片面追求升学率，教研员逐渐沦为"考研员"，主要关注教学常规和考试。

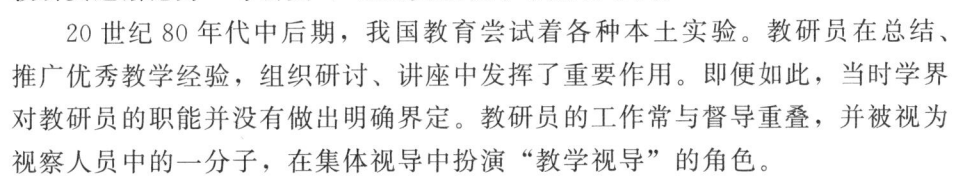

20世纪80年代中后期，我国教育尝试着各种本土实验。教研员在总结、推广优秀教学经验，组织研讨、讲座中发挥了重要作用。即便如此，当时学界对教研员的职能并没有做出明确界定。教研员的工作常与督导重叠，并被视为视察人员中的一分子，在集体视导中扮演"教学视导"的角色。

1990年6月，《国家教委关于改进和加强教学研究室工作的若干意见》颁布，规定："教研室是地方教育行政部门设置的承担中小学教学研究和学科教学业务管理的事业机构。""教研室的教学研究人员原则上应按中小学教学计划规定的课程门类进行配备。"教研员应承担"为教育行政部门决策提供依据""组织教材""教学检查和质量评估""研究教育""组织教学研究活动""总结、推广教学经验""指导教师"等职能。这是国家第一次以文件的形式明确教研室的定位和职能。

资料链接[①]

我国中小学教研室始建于1956年，是在当地教育行政部门领导下，承担当地基础教育教学业务工作的事业单位。各级教研室（省、地、县）大部分是

[①] 李建平：《教研：如何适应课程改革的需要》，载《中国教育报》，2003-05-25。

独立建制的单位，有些设置在教育学院或进修学校内。经过多年努力，各地基本建立健全了省、地、县、乡、校教研网络，建立了一支专兼职结合的教研员队伍。据了解，目前，我国中小学专职从事教学研究的人员有近10万人，是中小学教师队伍中一支数量可观、业务水平较高的队伍。多年来，各级教研人员在稳定正常教学秩序，执行国家课程计划（教学计划）和课程标准，加强教学业务管理，组织教学实验，开展教学研究，总结推广教学经验，普及教育科学，提高教师的业务能力等方面，做了大量工作，起到独特的作用。

第二节 新时期教研工作的定位

2001年，教育部《基础教育课程改革纲要（试行）》颁布，吹响了基础教育改革的号角。与基础教育密切关联的教研工作，也被推上改革之路。这次改革主要表现在两个方面：第一，提出建立以校为本的教研制度，将研究的中心下移到学校；第二，各级各类教研室的职能改变为教学研究、指导和服务。

一、建立以校为本的教研制度

2001年，随着教育部《基础教育课程改革纲要（试行）》的颁布，全国范围内的基础教育课程改革实践正式启动。改革要求改变教师的教育观念、教学方式及学生的学习方式。在这种新形势下，教师必须改变自己，以适应新课程的需要。基础教育课程改革，将我国百万教师的专业发展问题提到了前所未有的高度，使教师的培训、学习，显得比以往任何时候都更加迫切和重要。如何把学校构建成一个学习型组织，建立以校为本的教研制度，一项十分紧迫的任务摆在每一位教育工作者面前。[①] 这么多的教师需要培训，但是哪里有这么多的培训力量？这是一对尖锐的矛盾。于是，教育部创造性地提出了"建立以校为本的教研制度"。什么是以校为本的教研制度？时任教育部基础教育司副司长的朱慕菊指出，以校为本的教研，是将教学研究的重心下移到学校，以课程实施过程中教师所面对的各种具体问题为对象，以教师为研究主体，是理论和专业人员共同参与的教研。它强调理论指导下的实践性研究，既注重实际问题的解决，又注重经验的总结、理论的提升、规律的探索和教师的专业发展。以校为本的教研制度建设，是保证新课程实验向纵深发展的新的推进策略。也就是说，以校为本的教研制度建设，旨在就地取材，解决教师的专业发展问题。同时它也是促进学校教育质量提高的有效途径，可谓一举两得。在以校为本的教研制度理念的指导下，学校即研究中心，教室即研究室，教师即研究者。以

---

① 戚群、李建平：《新课改推动教师走校本教研之路》，载《中国教育报》，2003-03-01。

校为本的教研制度建设，强调的是把教师的教学实践与研究、在职培训融为一体，即教、学、研一体化，从而促进教师的教学能力不断提升。要做好校本教研，自我反思、同伴互助、专业引领三个要素缺一不可。以校为本的教研制度建设的提出，体现了学习型组织和终身学习的理念，也可以说以校为本的教研制度是这种理念下的产物。

2005年1月，教育部召开"以校为本教研制度建设"项目启动会，正式提出教研重心下移问题。借鉴"以校为本教研制度建设"的经验，2006年7月，教育部召开"以园为本教研制度建设"项目启动会。建立"以校为本"（"以园为本"）的教研机制，是对我国教研制度的发展和创新，同时这也是一个崭新的亟待深入研究的问题。

二、定位新时期的教研室工作

建立以校为本的教研制度，那么教研部门做什么？2001年教育部颁布的《基础教育课程改革纲要（试行）》明确指出："各中小学教研机构要把基础教育课程改革作为中心工作，充分发挥教学研究、指导和服务等作用。"也就是说，新时期教研室工作的定位是教学研究、指导和服务。显而易见，教研部门急需转变职能。教研部门要以中小学新课程改革为核心任务，帮助学校落实新课程的各项任务和目标，提高中小学课程建设与管理的能力和教学水平，保证教学质量的稳步提高，促进教师的专业发展。

"开展以校为本的教研，并不是否定和削弱教研室的作用。相反，教研室的作用应该得到更好的发挥。"[①] 虽然教研主体和教研内容的重心已经下移到幼儿园，但是教研员并不会因此而淡出园本教研。恰恰相反，教研员必须考虑新时期教研工作的特点，发挥自己的重要作用。[②] 在以校为本的教研制度建设的新理念下，教研部门的职能、任务和职责，需要进一步明确：一方面最为紧迫的是转变教研室的职能，另一方面是促进教研员角色和工作方式的转变。

在我国教研系统建立之初，教研员主要承担二元职能：一是教学研究，二是教师学习。这在1954年的《教育部关于全国中学教育会议的报告》中得以明确。之后教研员的二元职能进一步深化和细化。1990年6月，《国家教委关于改进和加强教学研究室工作的若干意见》颁布，规定："教研室是地方教育行政部门设置的承担中小学教学研究和学科教学业务管理的事业机构。其基本职责是：1.根据中小学教学需要，研究教育思想、教学理论、课程设置、教

---

① 李建平：《教研：如何适应课程改革的需要》，载《中国教育报》，2003-05-25。
② 华爱华：《谈教研员在园本教研中的引领作用——在全国"以园为本教研制度建设"项目教研员研修会上的总结》，载《幼儿教育》，2007（9）。

学内容、教学方法、教学手段和学科教学评价等。2. 根据本地实际，提出执行教学计划、教学大纲和使用教材的意见，为教育行政部门决策提供依据。3. 根据地方教育行政部门的部署，组织编写乡土教材和补充教材。4. 组织多层次多形式的教学研究活动，帮助广大教师执行教学计划，钻研、掌握教学大纲和教材，不断改进教学方法，努力提高课堂教学效益。5. 总结、推广教学经验，组织教改实验，探索教学规律，推动教学改革。6. 指导和帮助教师开展学科课外活动。7. 组织对学科教学的检查和质量评估，研究考试方法的改革。"可见教研员的职责包括"研究教育""为教育行政部门决策提供依据""组织教材""组织教学研究活动""总结、推广教学经验""教学检查和质量评估""指导教师"等。

　　新时期随着教研中心下移，教研部门如何发挥教学研究、指导和服务的功能呢？教育部基础教育司就此问题组织有关专家和一线教研员进行了深入研讨。在以校为本的教研制度背景下，"教学是课程实施的关键，教学研究是教研室的中心任务，是教学指导、服务的前提和基础"①。"在新课程的背景下，教研工作更多强调的是专业研究、水平指导，因此要改善管理，创新教研模式。"②"增强服务意识，为课程改革服务，为教学改革服务。"③ 以校为本的教研制度建设，就是要建立起区域—学校联动的教研体制，建立起教研部门服务于学校的保障体制。

　　新时期教研员的角色如何定位？"本次研修会明确了园本教研中教研员的角色是专业引领、专业支持、专业合作。"④ 新的角色定位需要教研员转变工作方式。"将教研重心下移到学校，并不是指教研员如何深入学校，而是指教研方式的改变，是如何把对话、交流、互动的机制引入教研。"⑤ 教研员要改变过去高高在上、"一言堂"的工作作风，努力创建民主、平等的教研文化，认真地与教师对话、交流、互动，遵循教师专业成长的规律，成为教师研究共同体中有效的一员，发挥专业合作、支持、引领作用，促进教师的专业发展，从而促进学校教育质量的提高。

---

① 李建平：《教研：如何适应课程改革的需要》，载《中国教育报》，2003-05-25。
② 李建平：《教研：如何适应课程改革的需要》，载《中国教育报》，2003-05-25。
③ 李建平：《教研：如何适应课程改革的需要》，载《中国教育报》，2003-05-25。
④ 华爱华：《谈教研员在园本教研中的引领作用——在全国"以园为本教研制度建设"项目教研员研修会上的总结》，载《幼儿教育》，2007（9）。
⑤ 李建平：《教研：如何适应课程改革的需要》，载《中国教育报》，2003-05-25。

第三节　学前教育教研员的工作职责和内容

本章前两节从普通教育的角度叙述了中国教研工作的历史及新时期教研工作的定位。从本节开始，本书要转入对学前教育教研员工作的叙述。本节重点叙述学前教育教研员的工作职责和内容，首先简述一下学前教育教研工作与中小学教研工作的区别。

幼教教研是不同于中小学教研的，因为幼儿教育有着不同于中小学教育的特点、规律和任务。[①] 中小学采取的是分科教学，所以中小学教研指的是教学研究，或者说是"学科教学研究"，重点是学科的课堂教学研究。而学前教育强调以游戏为基本活动，同时幼儿园的一日活动还包含了生活活动（盥洗、进餐、喝水、睡眠等），游戏活动，教学活动，体育活动等。对于幼儿园来说，一日生活皆课程。幼儿园的每种活动、每个环节都是学前教育教研工作的对象。

根据新时期教研工作的定位与任务，我们把学前教育教研员的工作职责和内容分为指导与服务、培养与跟进、研究与改革、管理与评价。我们将分章节叙述每一个职责的具体内容。

一、指导与服务

2001年教育部颁布的《基础教育课程改革纲要（试行）》指出："各中小学教研机构要把基础教育课程改革作为中心，充分发挥教学研究、指导和服务等作用。"的确，新时期教研重心下移以后，教研室的作用更多体现在对基层中小学的指导与服务上。那么学前教育教研员指导的内容包括什么？服务的内容又包括什么？教研员在指导和服务中有什么策略和方法？我们将在第三章中呈现这些内容。

二、培养与跟进

从前边对中国教研工作历史的追述，我们可以看到，教师培养始终是教研工作的重要任务之一。教研工作诞生之初，就带来了教师培养的使命。百年大计，教育为本；教育大计，教师为本。基础教育改革启动以后，教师培养的问题更是被提到了非常迫切的程度。学前教育领域对教师的培养有哪些方式？培养方案如何制定和实施？培养机制如何建立？对教师的培养如何跟进？第四章我们将重点探讨这些问题。

---

① 李季湄：《对新时期幼教教研有关问题的思考——在全国"以园为本教研制度建设"项目教研员研修会上的报告》，载《幼儿教育》，2007（9）。

三、研究与改革

进行教育教学研究应是教研员的基本职责。教研员只有通过不断研究才能更加明确教育规律，丰富教育知识，从而更好地指导幼儿园的业务工作。那么如何确定研究问题？如何遴选研究方法？如何推广研究成果？这将是我们在第五章要探求的问题。

四、管理与评价

对幼儿园教育教学进行管理与评价，是学前教育教研员的一项基本职责。教研员管理与评价幼儿园教育教学的基本内容都包括什么？教研员如何进行幼儿园教育教学管理与评价？各保教工作要素评价的依据与标准是什么？我们将在第六章叙述这些问题。

打铁先要自身硬。我们认为，教研员自身的学习与发展是首要问题，因此，我们专门辟出第二章来讨论教研员的学习与发展问题：教研员需要学习什么？如何学到这些东西？教研员的专业发展包括哪些方面？

第四节　学前教育教研员的专业要求

关于教研员的专业素养，国家相关政策及法规等提出了教研员所应具备的素质的基本要求。

1990年，《国家教委关于改进和加强教学研究室工作的若干意见》，明确提出了对教研员的基本要求，包括"坚持四项基本原则""有系统、扎实的学科基础理论和专业知识""具有实事求是的思想作风和科学态度"等。

2000年教育部下发的《教学研究室工作规程（征求意见稿）》，对教研员"应具备"的"基本要求"提出如下三条：①热爱党、热爱社会主义祖国，忠诚于人民的教育事业，遵纪守法，具有良好的师德修养，身体健康；②具有正确的教育观念，有一定的教育科学理论基础，有相关学科系统扎实的基础理论及专业知识，有较丰富的教学实践经验和组织指导教学活动的能力，掌握现代教育技术，能运用科学的方法开展教学研究，善于学习，不断提高实施素质教育的能力和水平；③具有实事求是的思想作风和科学态度，谦虚谨慎，团结同志，能认真履行职能，全心全意为教学第一线服务。

2005年《教育部关于进一步加强和改进基础教育教学研究工作的意见（讨论稿）》提出："各级教研人员要加强思想修养和专业学习，不断提升自己的专业素养，提升服务于基础教育教学工作的能力。注重理论学习与实践研究，深入教学第一线，在实践中发现、研究和解决实际问题，不断提高自身的组织协调、交流合作和教育教学成果转化能力；加强对学校教学和教学研究工作的指导，促进多样化教学方式在基础教育教学实践中的应用，使教学研究工作植根并服务于学校的教学实践；坚持以人为本的思想，尊重教师的劳动，与教师建立平等对话的合作伙伴关系，善于同教师一起总结、提炼和推广有益的教学经验。"这一意见进一步完善了相关方面的要求。

一、教研员的核心素养

国家的相关文件对教研员提出了总体要求。北京市海淀区教师进修学校研究确定了教研员的核心素养框架，包括专业精神、专业知识和专业能力3个维度10项指标，共计20条内容。（见表1-1）

表1-1 教研员的核心素养框架①

维度	指标要素	基本内容
专业精神	1. 专业意识	（1）牢固树立服务意识，为学校、教师和学生的发展服务。
		（2）理解岗位的内涵职责，以提升区域教育教学质量为己任。
		（3）合理规划职业发展，不断学习，顺应教育改革发展需要。
	2. 专业情怀	（4）热爱学生和学科，不断提高服务品质，提升教育境界。
		（5）遵循规律，尊重差异，分类分科分层持续开展教师研修。
专业知识	3. 学科专业知识	（6）学科专业知识精深，把握学科本质和学科思想与方法。
	4. 学科教研知识	（7）能指导教师落实课程标准，能够示范教学的新理念和新设想。
		（8）根据教学内容和学生实际，指导教师创设情境、选择教学策略。
	5. 教师教育知识	（9）明确教师需求和组织需求，构建区域特色学科教师教育课程。
		（10）能够规划组织区级研修，有针对性地指导联片教研和校本研修。
	6. 课程知识	（11）理解学科课程的育人价值，能够把握教材的编写意图，组织教学。

---

① 罗滨：《教研员核心素养：教研转型背景下的新修炼》，载《中小学管理》，2016（4）。

续表

维度	指标要素	基本内容
专业能力	7. 课程建设与资源开发能力	（12）能参与制订区域课程方案，指导学科校本课程开发和实施。
		（13）能根据学科的课堂教学需求，带领团队建设区域课程教学资源。
	8. 教学研究与指导改进能力	（14）能以多种形式调研教学现状，科学诊断课堂教学并精确指导。
		（15）解读学科课程标准和教材，通过讲座和案例指导教师教学。
		（16）能聚焦学科教学关键问题，带领团队研讨并在实践中改进。
	9. 质量评价与分析反馈能力	（17）制订学科学业评价方案，研制学科评价工具并实施评价。
		（18）基于大数据的分析和反馈，给学校和教师提出改进的建议。
	10. 教育教学科研能力	（19）能洞察学科教学存在的问题，形成课题，用研究的方法解决问题。
		（20）能组织教学改革实验研究，善于发现并总结推广优秀的成果。

二、学前教育教研员的核心素养

在新时期教研工作重心下移的背景下，教研员的工作被定位为专业合作、专业支持和专业引领。学前教育教研员的使命也是如此。但是学前教育教研工作又有不同于学校教育教研工作的地方，因此，我们针对学前教育教研员工作的特点，参照《幼儿园教师专业标准（试行）》，对上面的表格稍加调整，形成了适合学前教育教研员的专业要求。（见表1-2）

表1-2　学前教育教研员的核心素养

维度	指标要素	基本要求
专业精神	1. 专业意识	（1）牢固树立服务意识，为幼儿园、教师和幼儿的发展服务。
		（2）理解岗位的内涵职责，以提升区域教育教学质量为己任。
		（3）合理规划职业发展，不断学习，顺应教育改革发展需要。
	2. 专业情怀	（4）甘为"人梯""绿叶"，助推教师的专业成长。
		（5）热爱幼儿和教育研究，不断提高服务品质，提升教育境界。

续表

维度	指标要素	基本要求
专业知识	3. 学前教育知识	（6）专业知识精深，把握专业本质和专业思想与方法。
	4. 学前教育教研知识	（7）能指导教师落实《幼儿园教育指导纲要（试行）》和《3—6岁儿童学习与发展指南》，能够示范教育的新理念和新设想。
		（8）根据教育内容和幼儿实际，指导教师创设情境、选择教育策略。
	5. 教师教育知识	（9）了解成人的学习特点，明确教师需求和幼儿园需求，构建区域特色教师教育课程。
		（10）能够规划组织区级研修，有针对性地指导联片教研和园本研修。
	6. 课程知识	（11）熟悉课程理论和幼儿园课程特点，了解国内外主要的课程模式。
专业能力	7. 课程建设与资源开发能力	（12）能参与制订区域课程方案，指导幼儿园进行园本课程开发和实施。
		（13）能根据教学需求，带领团队建设区域课程教学资源。
	8. 教育研究与指导改进能力	（14）能以多种形式调研教育现状，科学诊断并精确指导。
		（15）能解读《幼儿园教育指导纲要（试行）》《3—6岁儿童学习与发展指南》，通过讲座和案例指导教师工作。
		（16）能聚焦教育教学中的关键问题，带领团队用研究的方法解决问题、改进实践。
		（17）能组织教育改革实验研究，善于发现并总结推广优秀的成果。
	9. 质量评价与分析反馈能力	（18）制订幼儿园保教工作评价方案，研制评价工具并实施评价。
		（19）基于大数据的分析和反馈，给幼儿园和教师提出改进建议。
	10. 沟通与合作能力	（20）能与幼儿园、教师进行有效沟通，提高工作效率；能与同行合作交流，分享经验和资源，共同发展。

第二章 学习与发展

　　教研员作为教育教学的研究者、服务者与指导者,需要培养自己终身学习的习惯,树立专业的可持续发展意识。教研员的学习与发展是制约其自身工作实效性的重要因素。俗话说,打铁先要自身硬。教研员只有不断地学习,始终保持先进的教育思想、丰富的专业知识和与时俱进的工作方法,才能不断提高自己的指导能力,更好地胜任工作。教研员只有这样,才能在理解幼儿的基础上提出恰当的教育策略,帮助有不同困惑和需求的教师,为教师答疑、解惑、支招。在某种程度上说,教研员就像是教师队伍中的领头雁。顾名思义,头雁要有明确的方向感、具体的行进策略以及解决行进困难的奇思妙计,方能带领教师团队披荆斩棘、勇往直前。

第一节　学习内容

一、政策法规

　　有关教育特别是学前教育的政策法规是教研员必须学习的内容。一切教育行为均要在法律法规允许的范围内施行。教研员依法施教是最基本的底线。

　　(一) 教育政策法规

　　教研员作为教师的教师,认真学习与教育相关的政策法规非常重要,其中掌握并运用《中华人民共和国教师法》(以下简称《教师法》)最为必要。《教师法》明确规定了教师的学历资格和认定资格,对教师的含义进行了具体阐述:教师是履行教育教学职责的专业人员,承担教书育人、培养社会主义事业建设者和接班人、提高民族素质的使命。教师应当忠诚于人民的教育事业。

　　《教师法》对教师的权利和义务进行了具体规定。教师包括教研员都要做到学法、知法、懂法、守法,知道自己应承担的义务,并合理地维护自己的合法权益。例如,和教师切身利益相关的"享受国家规定的福利待遇以及寒暑假期的带薪休假"的权利以及"参加进修或者其他方式的培训"的权利,都是对教师利益的保护。教师的上述权利一旦受到侵害,便可以用法律维护自己的利益。《教师法》也提出了教师要履行的义务:为人师表;遵守规章制度,执行学校的教学计划,履行教师聘约,完成教育教学工作任务;关心、爱护全体学生,尊重学生人格,促进学生在品德、智力、体质等方面全面发展……法律赋予教师的权利和义务是相辅相成的。当然，《教师法》也表现出对教师保护的态势："侮辱、殴打教师的，根据不同情况，分别给予行政处分或者行政处罚；造成损害的，责令赔偿损失；情节严重，构成犯罪的，依法追究刑事责任。"

《教师法》是对教师工作的全面规定。资格条件、工作任务、权利义务、培训考核、奖励惩罚在其中都有明确规定。《教师法》应该成为所有教研员（教师）的一门必修科目。教研员要时刻用法律规范自己的行为，遵守法律要求，执行法律规定，提高综合素质，做一名师德高尚、技能精湛的好教师、优秀教研员。

经验分享

这个问题如何解决

北京市延庆区教育科学研究中心　刘彩云

那时，我是教研员，在延庆区第二幼儿园参加王某某老师"教学思想研讨会"的前期准备工作。正值中午幼儿起床，大家都在为一些细节问题而挠头。这时李老师上气不接下气地哭着跑进了园长办公室，满脸通红，说不出话。在我们的一再追问下，她才告诉我们发生了什么。

原来，幼儿董某的爸爸来接董某并想带她出去玩。董某是单亲家庭的孩子，她的妈妈留话：只有妈妈才可以接孩子。所以带班的李老师对董某爸爸说："您和孩子妈妈通话，她答应后，我们才能把孩子交给您。"孩子爸爸没有理睬，而是说："我就带她出去玩一会儿，马上就回来。"李老师耐心地说："很简单的，您和孩子妈妈通话，正好也让孩子吃点午点，不耽误玩。"孩子爸爸理直气壮地说："我有接送卡，我是孩子爸爸，为什么不能带孩子出去？你们老师懂不懂人情？"看着酒气冲天、蛮横无理的家长，李老师依旧和风细雨地劝阻家长："您冷静些。我和孩子妈妈通话也行，请您等一会儿。"听到这里，那个爸爸有些气短："别打了，别打了，我就带她到院子里玩一会儿。"说着他就要把孩子领走。李老师想起孩子妈妈的嘱托，很快判断，即使到院子里，也要征得孩子妈妈同意。更何况孩子爸爸喝了酒，如果出现意外，幼儿园没办法向孩子妈妈交代。于是李老师又一次阻止了家长，并和孩子妈妈联系。没有想到的是，李老师的电话还没有打出去，孩子爸爸就气急败坏地夺走电话，大声嚷嚷："这么点事情，也值得这么兴师动众，那要接送卡干什么？"说着，孩子爸爸把接送卡团成一团，从李老师的上衣领口塞了进去……

听着李老师的哭诉，我们都目瞪口呆，怎么办？这个家长是某村的大队书记，平时做什么事情都很嚣张，又喝酒了，怎么说理？怎么和他沟通？老师为了认真执行幼儿园的工作要求，为了孩子的安全，受到了不公平的待遇，怎么办？

这时，我们都把目光投向了李园长，好像都在问：园长姐姐，怎么办？李园长目光坚毅，步伐利落地走到办公桌前，拿起电话报了警。不出两分钟，警车呼啸而来。没一分钟，警车又呼啸而去，并且带走了那个酗酒闹事的家长。

时至今日，每次讲到"幼儿园教师依法执教"，我都要用到这个案例，告诉老师们："我们幼儿园教师是专业教师，我们有法律法规需要遵循。我们不做违法、有违师德的事情，但是我们也不能任人欺负。我们要按照幼儿园的规章制度去工作，不能随意妥协，我们有责任维护正义……"

因为有这么好的园长、这么好的老师，他们用法律武器保护孩子，保护员工，才有了幼儿园的稳定和发展。教研员更要知法、懂法、守法，并用法律捍卫师生的权益。

（二）学前教育政策法规

教研员要了解关于学前教育的政策法规，特别是关于幼儿生存、发展和保护的有关法律法规及政策规定。其中，《中华人民共和国未成年人保护法》是学前教育工作者首先要学习了解的。《中华人民共和国未成年人保护法》界定"未成年人是指未满十八周岁的公民"。"未成年人享有生存权、发展权、受保护权、参与权等权利，国家根据未成年人身心发展特点给予特殊、优先保护，保障未成年人的合法权益不受侵犯。未成年人享有受教育权，国家、社会、学校和家庭尊重和保障未成年人的受教育权。""学校、幼儿园、托儿所的教职员工应当尊重未成年人的人格尊严"，"制定应对各种灾害、传染性疾病、食物中毒、意外伤害等突发事件的预案……增强未成年人的自我保护意识和能力"。法律充分体现了幼儿优先、生命第一的理念。幼儿是未成年人群中的弱者，所以对幼儿的尊重和生命保护尤为重要。教研员应该明确，教学研究过程中的一切要让位于幼儿的安全，因为幼儿有参与权和发展权，有受保护的权利。教师如果做得不够好，在某种程度上就可能触犯《中华人民共和国未成年人保护法》。因此，教师熟悉法律条文才能使教育行为合法，才能最大限度保障幼儿的生存权、发展权不受侵害。

另外，《幼儿园工作规程》《幼儿园教育指导纲要（试行）》《3—6岁儿童学习与发展指南》等政策法规都是教研员必须学习和掌握的。这些政策法规对幼儿园教师的教育行为有明确要求，对幼儿的发展特点、学习方式、指导建议有明确阐述，它们是每个学前教育工作者手头必备的学习工具。学前教育教研员尤其应该将这些政策法规烂熟于心，运用自如。

经验分享

幼儿是主动的学习者

北京市怀柔区教育科学研究中心　宋博阳

2016年上半年，正是怀柔区九渡河镇中心幼儿园筹备验收一级一类幼儿园工作的关键期。应幼儿园的需求，我们教研员每周都对幼儿园及教师进行一对一的实践指导。我主要负责大班。大班的姜老师是区级骨干教师，经验非常丰富。

5月的一天，我们又来到了这所幼儿园，按常规走进班级指导半日活动。老师们全身心投入孩子们的游戏，一切看起来都这么自然。孩子们自主、开心、快乐。接下来是分享环节，这个环节中姜老师的目的是分享幼儿在不同区域游戏时的新方法、新经验、新问题。

姜老师问孩子们："你们今天在活动区有什么发现？"问题抛出后，孩子们踊跃举手，介绍自己的游戏。当幼儿说在益智区拼插出能开门的汽车时，姜老师进行了表扬；当幼儿说在美工区制作跳绳的小人时，姜老师进行了表扬；当幼儿说在针线屋里做裙子时，姜老师还是只进行了表扬。

这个分享环节就要结束了。但是在这个环节中，幼儿除了展示外，其他方面的发展如何实现？对于游戏中的很多问题，教师如何引领幼儿自主解决？如何体现《3—6岁儿童学习与发展指南》的核心，即如何体现幼儿在生活和游戏等过程中的自主学习和发展？我与姜老师讨论过这些问题，但是效果显然不是很明显。为了能让她直观地看到孩子们在这个环节中的主动发展，我决定进行现场示范，于是马上走到了前面，领着刚刚进行分享的小朋友继续进行分享。

我先鼓励了这个做裙子的小朋友："你今天做的这件裙子真漂亮。你为什么要做这件漂亮的裙子呢？"小朋友说："因为我们要开运动会了，小朋友可以穿这件裙子跳舞呀！"我又对她说："你可以让小朋友试穿一下这件漂亮的裙子吗？"她欣然同意了。这时，问题出现了。裙子是在人型模特上直接做的，因为线没有松紧性，裙子卡在模特腰上怎么脱也脱不下来。几次尝试后，孩子们也发现了这个问题。怎么办呢？孩子们有说用松紧带做腰带的，有说用拉链的，有说用粘扣的。孩子们根据自己的经验想出了很多方法，大多数幼儿都参与到了这个问题的讨论中。做衣服的小姑娘也非常高兴，表示第二天用大家的方法尝试一下。

通过我和孩子们这样互动，姜老师看到了孩子们积极、主动的参与行为。

活动后我和姜老师一起进行了细致的分析。刚刚坐下，姜老师就非常不安地说："我今天的分享环节又没做好。"我能看出来姜老师很紧张也有些自责，也许是我刚才的介入让她感到不安，于是我说出了自己的想法："首先，我很抱歉，刚才打断了你的分享环节。我想通过这种方式让你作为旁观者进一步了解一下你们班孩子的能力和需求，不知道你能否接受？""能，能接受。"我发觉姜老师还是没有放松，就用聊天的方式开始了接下来的交流。

"我觉得你今天的分享活动比原来有些进步。你能够鼓励幼儿大胆表达自己在游戏中的发现，能够尊重幼儿的想法，及时进行鼓励，还利用了多媒体，特别好。你的这些语言、动作都体现了对幼儿的尊重，体现了《幼儿园教育指导纲要（试行）》中教育原则的第一条'尊重、热爱幼儿'。还有，分享过程给了幼儿宽松的氛围，展现了和谐的师生关系。这都是你今天分享活动的亮点。"

"谢谢您的鼓励，但是我组织的分享环节很生硬，没有您组织得那么生动。我就是不太会跟孩子这样互动。"

为了进一步了解问题产生的原因，我又问她："今天我跟幼儿分享互动的内容，你在活动中发现了吗？""我看到了，可是我没有发现这是一个可以互动的问题。"这说明教师的问题出在不会关注幼儿学习行为和分析教育价值上。

"在我组织的分享过程中，哪个环节中孩子们最活跃？为什么？"

"您问孩子们怎么解决裙子不好穿脱的问题时，孩子们就积极想办法。"

"为什么孩子们会这么积极地参与思考呢？"

"他们有这样的生活经验，能够支持他们解决问题。同时您也给他们机会，让他们去想办法，也及时进行了鼓励。"

"在这个过程中除了支持、鼓励，我还做了什么？"

"引领。"

在这一问一答的过程中，姜老师逐渐明白了不仅要让孩子们描述自己在活动区干了什么，还要让自己参与到幼儿活动中，发现他们的问题和需要，分析其教育价值，在分享环节进行集体分享，做好《幼儿园教育指导纲要（试行）》指出的"三者"，即支持者、合作者、引领者。

《教师法》《幼儿园教育指导纲要（试行）》《3—6岁儿童学习与发展指南》都提到要尊重幼儿，而我们的尊重不仅仅是表面上的鼓励、支持、认同，更应该是发现幼儿的需要，并满足他们的需要，鼓励、支持、引领幼儿自主学习和发展。

（三）政策法规推荐

《中华人民共和国教育法》；

《中华人民共和国义务教育法》；

《中华人民共和国教师法》；
《教师资格条例》；
《中华人民共和国国家通用语言文字法》；
《北京市教师申诉办法》；
《学生伤害事故处理办法》；
《中小学幼儿园安全管理办法》；
《国家中长期教育改革和发展规划纲要（2010—2020年）》；
《中华人民共和国未成年人保护法》；
《幼儿园工作规程》；
《幼儿园管理条例》；
《幼儿园教育指导纲要（试行）》；
《3—6岁儿童学习与发展指南》；
《幼儿园教师专业标准（试行）》；
《全国家庭教育指导大纲》；
《教育部关于规范幼儿园保育教育工作 防止和纠正"小学化"现象的通知》；
《幼儿园收费管理暂行办法》；
《托儿所幼儿园卫生保健管理办法》；
《国务院关于当前发展学前教育的若干意见》；
《关于幼儿教育改革与发展的指导意见》。

二、专业知识

教研员要有深厚的专业功底，要熟悉本专业的相关理论知识，这是教研员做好教研工作必备的基本功。教研员只有了解幼儿的身心发展规律和特点，懂得如何做好幼儿保育和教育工作，熟悉当前幼儿园的课程知识以及自己职责范围内的基本工作常识和方法，才能胜任工作。教研员是教师的教师。在《幼儿园教师专业标准（试行）》规定的教师必备知识中，幼儿发展知识、幼儿保育和教育知识对教研员同样适用。

（一）幼儿发展知识

· 掌握不同年龄幼儿的身心发展特点、规律和促进幼儿全面发展的策略与方法。

· 了解幼儿在发展水平、速度与优势领域等方面的个体差异，掌握对应的策略与方法。

· 了解幼儿在发展中容易出现的问题与适宜的对策。

· 了解有特殊需要的幼儿的身心发展特点及教育策略与方法。

随着教育改革的不断深入，人们越来越认识到教育要适应幼儿发展的需要。教师的教，一定要为幼儿的发展服务。准确地了解幼儿发展的基本特点、发展水平、个体差异等情况是因材施教的基础。每一位幼儿教师都要了解幼儿发展的基本知识。教研员更要懂得幼儿的年龄特点和发展规律，才能够在指导教学的时候准确判断教师的策略方法是否适宜。因此，教研员一定要会观察、了解幼儿，透过幼儿的表情、动作、语言等分析揣测幼儿的心理需求和实际想法。教研员在日常听课和指导教学的时候，衡量教师的行为是否适宜，教学内容是否合适，以及教师与幼儿互动的策略是否有效，不能主观评价，而要依据教师客观上对幼儿的观察。幼儿以不同的方式对教师的行为做出反应，或是积极参与，或是调皮走神。教师身在其中的时候一般不会客观地发现幼儿的表现，有时会只顾自己的教学行为或者一味地提出自己的要求，对幼儿的"反抗和不积极"不能做出及时的反应。这时候教研员是一个非常冷静的观察者，首先就要看幼儿是否在和教师一起思考、一起活动，如果不是，那么就需要分析是幼儿自己的注意力不集中，还是教师组织的内容了无情趣，无法吸引幼儿。因此，教研员要观察幼儿的表现，用照片、视频或其他形式记录下幼儿的表现，并将其作为第一手材料，这样课后和教师分享交流和研究问题的时候会非常有说服力。

经验分享

小脑袋大世界
——读懂幼儿这本书

北京市西城区教育研修学院　　陈　立

随着教育改革的深入和儿童观、教育观的转变，师幼关系越来越和谐，幼儿的主动性也越来越强，他们能够呈现出很多想法、做法。但与此难以匹配的是，教师对幼儿的了解还比较浅，很难读懂幼儿，特别是对他们的学习特点和学习方式不甚了解。所以，教师在幼儿需要时给幼儿支持就显得比较乏力，或者按照自己的主观臆断去揣测幼儿的想法而难以真正满足幼儿的需要。孩子们到底是怎么想的？这些想法、做法说明了什么问题？这些是我近一段时间特别想了解的。我想作为教研员，只有我们自己对幼儿琢磨得透一些，了解得多一些，才可能给予教师支持。于是，我先选择了《窗边的小豆豆》这本书进行学习。

书中的豆豆曾被认定是"无可救药"的，他既影响自己又影响别人，几乎处于被排斥的地位。当他被小林校长接到了有着电车教室的巴学园，他开始认真听讲，爱学习，知道不妨碍别人，最终还成为日本作家。这个故事如此神奇，深深吸引了我，触动了我！

　　是什么让豆豆有了如此大的改变？或者说当初豆豆是真"无可救药"了吗？如果我们不了解孩子的特点，就会把他们的行为当成是对成人权威的挑战或者故意捣乱而只会采用批评、扼制的方式（豆豆之前学校的老师就是如此），但却丝毫不起作用，反而扼杀了孩子的好奇心和探索的欲望，损伤了孩子的情感。如果我们了解孩子的特点，就会因势利导，像小林校长那样，尊重和倾听孩子的想法并理解他们，为他们创造适合他们的学习内容和学习方式以及适合他们发展的环境，给他们尝试探索、独立解决问题、调整自己的空间。如此，"小豆豆们"发展的需求不仅会得到满足，同时他们还能发挥出自身的巨大潜能和智慧，做出令人惊叹的事情！这是一本能启迪老师们的好书。我要把它介绍给老师们。

　　（二）幼儿保育和教育知识

　・熟悉幼儿园教育的目标、任务、内容、要求和基本原则。

　・掌握幼儿园各领域教育的学科特点与基本知识。

　・掌握幼儿园环境创设、一日生活安排、游戏与教育活动、保育和班级管理的知识与方法。

　・熟知幼儿园的安全应急预案，掌握意外事故和危险情况下幼儿安全防护与救助的基本方法。

　・掌握观察、谈话、记录等了解幼儿的基本方法和教育心理学的基本原理和方法。

　・了解0~3岁婴幼儿保教和幼小衔接的有关知识与基本方法。

　　上述保育和教育知识，教研员都要熟知。教研员首先应是一位好老师，不仅能组织不同年龄班的孩子的一日活动，开展游戏和集体教学活动，也要会组织户外体育活动以及进行环境创设。在具体工作实践中，教研员会发现教师在制定活动目标时，把握不好难易程度。例如，在小班末期，幼儿基本上能点数5以内实物了，但仍有小班教师还在组织幼儿认识"1"和"许多"。那么教研员就要和教师一起分析本班幼儿的原有水平，以此确定教学内容是否适宜。教研员常常要和教师一起研究教学方案，看看教学目标的制定、教学内容的选择是否依据了幼儿的水平和需要，看看教学方式的选择是否合适等，活动后再结合幼儿的学习状况进行及时有效的反思。同时教研员还要整体观察和思考教师的半日活动组织得是否合适，是否考虑了保教结合、动静交替的原则，以及户外活动中的运动强度是否适宜。这些都要求教研员全面熟知幼儿保育和教育知识，以便在指导教师教育实践时能驾轻就熟。

(三) 幼儿园课程知识

教研员在了解幼儿学习的基本方式之后，同时需要明确幼儿园应该实施的课程特点，并且了解当前幼儿教育的典型课程理论和特点，在教学研究过程中与教师一起选择适宜的课程。

幼儿在做中学，在游戏中学，在生活中学，他们需要在直接感知、实际操作和亲身体验过程中进行自主学习。因此，幼儿园教育提倡以游戏为基本活动，提倡为幼儿创设丰富的自主游戏环境。教师要以学定教。教师要以对幼儿的观察了解为基础，在尊重幼儿发展水平和学习兴趣的基础上组织教学活动，特别强调要考虑幼儿的原有经验和水平。教研员应该学习和了解一些国内外典型的课程，如以下四种课程。

1. 张雪门的行为课程

张雪门的基本观点：课程的本质是经验与行为；课程和教材来源于儿童直接的活动。课程是经选择的有价值的经验，是儿童直接的实际行为和活动。课程是儿童成长需要的材料。儿童不仅是自然人，也是社会人。因此，为儿童发展所选择的经验，必须具有社会意义，同时又必须适合儿童发展的需要，但首先应从儿童的生活环境中搜集材料。

2. 陶行知的生活课程

陶行知的生活教育理论，包括三个基本观点：生活即教育，社会即学校，教学做合一。

生活即教育是陶行知生活教育理论的核心。陶行知所说的生活是整个自然界和人类社会生活的总体，是人类一切实践活动的总称。生活即教育不是说生活等同于教育，而是说教育与生活经历同一个过程，即教育离不开生活，生活离不开教育。

陶行知主张学校教育的范围不在书本，而应扩大到大自然、社会和群众生活中去，向大自然、社会和群众学习，使学校教育和改造自然、改造社会紧密相连，形成真正的教育。从陶行知的论述中，我们可以推知其社会即学校的基本主张是要让社会的每一个角落、每一个地方、每一个生活单位都担负起学校的职能，把整个社会当作一个大学校。同时，学校必须突破围墙之限，要与整个社会联系起来，实行开放式办学。

教学做合一是陶行知生活教育理论的教学方法论，强调教师怎样教要依据幼儿如何学以及幼儿如何学要依据怎样做。教学做合一从教学方法上改变了教、学、做的分离状态，克服了书本知识与生活实践脱节、理论与实际分离的弊端，是教学法上的一大改革。

3. 蒙台梭利课程

蒙台梭利课程以培养身心均衡发展的人为目标，通过作业让儿童把内在的生命力表现出来，在完成作业的过程中培养儿童的专注力，在自由和主动的活动中实现儿童的自我纠正，使儿童在为其设置的环境中成为有特质的人。在蒙台梭利课程中，教育内容分为四个方面，它们是日常生活练习、感官训练、肌肉训练和初步知识学习。教师通过创设环境、提供蒙台梭利教具、对儿童进行观察和引导等方法对儿童实施教育。教师扮演的角色是观察者和榜样。教师观察的目的在于引导。教师要提供适时的刺激或者提供教育环境和教具，让儿童通过自己的作业达成自己的发展目的。

4. 高宽课程

高宽课程的核心是主动学习。皮亚杰认为任何知识都源于动作。他在其知识建构理论中指出儿童知识的获得就是儿童与周围的人和物体相互作用的结果。高宽课程的研发人员也认为儿童的知识来自他们的经验，且没有人能替代儿童获得经验或建构知识。儿童必须通过自己的主动学习获取经验并建构知识。高宽课程的长期追踪研究也发现，自己有选择机会，建立对学习的信心，逐步发展自我控制能力等，会使儿童收获良多。

教研员到不同的幼儿园会发现各个园所都有自己的课程。任何课程模式都不是放之四海而皆准的模板，都需因地制宜和本土化。无论选择哪种课程模式，幼儿园都要考虑本地区的实际和本园的实际，考虑儿童的学习特点，以保证儿童在快乐基础上发展。课程是儿童成长的跑道，课程的目标、内容、方法与途径都要依照儿童的发展需要进行调整。

(四) 教研知识

教研员要对自己的工作有清楚的认识。教研员要明确职责，掌握方法，不断熟悉工作特点，尽快适应角色需要，努力胜任工作。

1. 认清教研职责

研究——研究教育实践中的问题，解决区域内普遍存在的问题，使区域内学前教育质量有所突破和提高。

指导——根据幼儿园实际需要进行有针对性的指导。

服务——根据区域幼儿园教师的实际需要，采取适宜的方式提供不同形式的服务，疏解教师的困惑，提高教师专业水平。

评价——依据《幼儿园教育指导纲要（试行）》和《3—6岁儿童学习与发展指南》精神，依据相关考核指标，对区域内不同类型幼儿园的教育质量进行评价，发现问题，并指出努力和改进的方向。

2. 熟悉教研工作特点

（1）业务能力的全面性

教研工作面对的是幼儿园的教育质量如何提高，涉及方方面面的业务能力：一日生活的合理组织、活动的有效开展、环境创设的适宜性、集体教学活动的有效性、家长工作，等等。特别是如何观察了解幼儿的发展现状，如何依据幼儿实际选择教学内容等，这些专业能力对教研员要求甚高。教研员只有对专业知识驾轻就熟，具备较强的专业能力，才能指导教师提高水平。因此，教研员的工作特点之一是业务能力的全面性。

（2）需求的层次性

幼儿园教师有不同的背景，不同幼儿园教师的专业基础也不同，更主要的是教师的实际需求层次不一，这便需要教研员因人而异进行个性化指导。教师的层次水平决定着教研的指导方法和策略要有所不同。

3. 掌握教研知识

教研员明确了自己的职责和工作特点后，还需要相应的教研知识基础支持自己很好地开展研究、指导、培训、评价等工作。因此，教研员需要学习课题研究方面的知识、教师教育的知识、教师心理的知识、质量评价的知识等。对任何问题的研究都需要遵循研究的基本规律，因此教师培训也需要在了解成人学习特点的基础上开展。此外，教研员对幼儿园工作进行评价需要学习评价工具，解读评价指标，掌握不同的量化评价方法和非量化评价方法。

综上所述，教研员要掌握的知识非常广泛。除以上几个主要方面的知识以外，教研员还应掌握通识知识。我们的教育对象对周围世界充满好奇心，他们有许多"为什么"等着我们解答。对教师的指导和培训，需要教研员具备过硬的信息技术能力、精准的语言表达能力和深厚的文字功底。教研员要让学习成为习惯，让发展成为自身需求，要博览群书，丰富自己，让自身涉猎广博的知识。

经验分享

刘老师，您是怎么做到的

北京市延庆区教育科学研究中心　刘彩云

那天，去参加社会领域工作室的活动，看到主持人思路清晰、目标明确和高站位的引领，我由衷地感到高兴。而下面的老师，或一脸迷茫，或低头冥想，或无法投入，这让我想起了自己前几天在《沟通的艺术》上看到的一句话：你在前边跑时，一定要看看后边的人是否跟得上！于是我想，主持人是不是跑得有些快？这些新加入工作室的老师跟得上吗？

所以在分组研讨的时候，我马上参与到新老师较多的小班的活动研讨中。研讨主题是教学活动内容的选择、目标的定位以及活动方式的设置是否合适。我看老师们都低下头、闭上嘴，谁也不想开头，只好带头说："你们感觉'长颈鹿阿姨果园摘苹果'这部分内容适合小班吗？"莹莹老师说："题目有些拗口，过程有些复杂，情境也不容易创设。"苏老师说："孩子们遇到困难会寻求帮助这个目标不一定能在这样的环境中实现。"我赶紧追问："现在小班孩子最需要的是什么？最大的困难是什么？"马老师说："我们班前几天有个孩子不愿意来幼儿园，于是家长让我们看看是什么问题。我发现这个孩子不会穿衣服，所以我们班一个小女孩就去帮助她。我感觉孩子会求助，也会帮助别人。"听了这些，我有些灵感："能不能创设一个适合小班的情境：鸡妈妈带着小鸡去玩，遇到了小猫在哭。大家一起问小猫怎么了，小猫说自己的裤子穿不上了，然后大家一起帮助他……"我的话还没有说完，苏老师就说："今天的目标是幼儿主动寻求帮助，不是帮助别人。"听了后，我们都笑了。我看几位老师已经进入研究的状态，赶紧说："是是是，我忽略了，大家快出主意，怎么设计合适？"看到他们很快进入状态，我有些兴奋：其实老师们的积极性还是很容易被调动的。

分享经验的时候，老师们都低下了头，谁也不想到前边去说，于是我自告奋勇，第一个跑到了前边。我想我今天的作用是要把"火把"燃烧成"火种"，让大家都动起来，参与进来。我在小跑，他们一定跟得上！

于是我把刚才的研究情况和大家说了一遍，最后寻求帮助：我们需要一本适合小班的、有利于幼儿寻求帮助的绘本故事，谁可以快速给我们？老师迅速行动起来，很快就把信息传送过来了！

活动后，两个主持人问我："刘老师，您有什么秘诀？您是怎么做到这么快就让大家积极、投入、忘我地参与教研的呢？"我说："其实没有秘诀，这是我长时间全方位通过不同渠道和方式阅读，带给我的底气和话语权。这么多年我一直在努力改变自己，主要原因是不想在当众讲话时信口开河，更不想汗流浃背、语无伦次。当你无可遁形时，唯有学习可以'医愚'。"康老师一脸羡慕："您都学了什么，看了什么书？给我们介绍一下吧。"

我告诉他们：首先，找准学习的"点"——基于专业、不离实践，《幼儿园教育指导纲要（试行）》《3—6岁儿童学习与发展指南》烂熟于心，为的是能够和幼儿、教师、干部平等对话，也为的是让自己的专业功底更加深厚。其次，找准学习的"面"——重视修养、广泛涉猎，为的是保持自己不落伍，在与领导和教师交流研讨的时候，做到不独断、不强势、不高冷，还能够时常反思、换位思考、烘托氛围。就像今天，怎样让教研活动活跃起来，怎样了解教师的心理，怎样走进他们的内心，是需要艺术的。最后，找准学习的"网"——积极思考，读书和学习都是在和智慧聊天。它不仅仅让你有悟性、有智慧、有思想，还能够让你有积极思考的力量，有发表自己见解的勇气，更重要的是让你明白事理与学理，让你能够具有正能量和正思维，从而能够很好地引领干部和教师……

最后我说道："如果你们能够做到坐下来、静下来、钻进去，那么我能够做到的，你们也一定能够做到。"

第二节 学习方式

一、专题式接受学习

教研员的学习方式很多，其中一个主要的学习方式是接受他人的专题知识传递。这种方式的学习能够让教研员根据自身需求选择性学习，并且能够在短时间内接受大量的信息。

（一）专家讲座

主讲专家一般在教育的某个领域和某些问题上有自己的研究和认识，能在集中的一段时间内把一个专题问题讲解清楚。这类讲座一般都会预告给听众，便于听众决定是否选择聆听学习。

选择听讲座形式的学习，需要教研员为自己安排时间，安心听讲学习。教研员不仅要注意听清教师讲的内容，还要在自己的头脑中进行理解和思考，特别是要仔细听清、听懂讲座中的案例分析，这样能帮助自身更好理解相关的理论观点。这里需要特别指出的是，主讲专家讲的内容一般不会有原则性的问题，但是也会带有个人主观色彩。所以教研员听讲座绝不应是简单的录音式学习，而应该是筛选式学习。教研员可以选择自己认同的部分在实践中尝试，对不理解、不同意的观点反复思考，不断求证。教研员作为学习的主体，一定不要盲目地学习，而应把学习当成倾听、理解、消化、实践、质疑、再理解、再实践的循环往复的过程。

（二）经验介绍

学习他人经验也是很好的借鉴学习方式。经验介绍一般是各类总结交流会上的专题发言。教研员听取经验介绍的时候，应该进一步思考：他们的哪些做法是自己也曾经有过的认识？哪些观点与自己的认识不同？哪些观点是自己以前没听说、没认识到的全新的信息刺激，自己如何消化理解？其实教研员的学习也是一个将外部信息与自己的认知系统进行综合建构的过程。学习是主体性行为。学习者只有将外部经验进行有效内化，才能产生有意义的学习。

二、任务式实践学习

（一）课题研究

围绕一个课题开展专项研究，是教研员系统学习的好机会。特别是行动研究的方式，是教育实践中问题的研究性解决范式，也是将理论与实践很好结合的过程。对比专门的理论学习，课题研究更有挑战性和吸引力。课题研究来自教研员自身工作中的困惑和问题，需要确立研究的问题突破点以及问题解决的方法，更重要的是要在教研实践中尝试解决问题，总结经验成果。能敏锐地发现教育实践中的问题，并在实践中尝试通过研究解决，这是教研员必做的功课，也是增强问题意识和解决问题能力的重要途径。课题研究的选择需要教研员能够准确地发现问题，并能在教育实践中解决问题。完成了研究任务，经历了实践检验，教研员的理论水平和综合素质会有很大程度的提高，因此每个教研员都要尝试课题研究，提高自己。

（二）展示观摩

展示观摩是教研员经常组织的以幼儿园为活动主体的业务交流活动。这样的活动一般会有鲜明的主题，有值得推广的经验。组织类似的活动，是教研员学习提升的很好机会。围绕展示交流的主题内容，教研员需要和幼儿园一起确定展示的形式、交流研讨的问题、发言者的经验介绍主要包括哪几个方面等。组织展示观摩活动，也是教研员对自己已有认识的再思考和再提升过程。

发现并梳理幼儿园的经验，是教研员对教育实践的反思，是将教育实践经验上升为理性认识的过程。在确定一所幼儿园向大家展示的活动亮点后，教研员还要提出有价值的问题，帮助参与观摩的教师一起学习经验，还要找到幼儿园需要不断完善和努力的方向。这个过程需要教研员不断将自己对《幼儿园教育指导纲要（试行）》和《3—6岁儿童学习与发展指南》精神的理解，再次与教育实践进行对接验证，找到幼儿园具体的好的做法加以肯定，并进行总结推广。组织一次展示观摩活动，是帮助基层幼儿园超越自我的过程，也是教研员做中学、自我成长和自我超越的过程。实践中的学习锻炼是最有效的学习方式，有时也是体现教研员真功夫的时机。

三、主题式补缺学习

（一）查阅文献

书籍是人类最好的朋友之一。查阅文献进行学习是教研员应该熟练掌握并经常运用的学习方式。教研员站在前人的肩膀上继续研究，会少走一些弯路。查阅文献的途径很多，比如上网查阅。输入主题词汇，就会有很多类似的文章映入眼帘。我们需要进行阅读理解，比较分析。这样可以帮助自己找到最需要的东西，确定自己最认同的观点。

经验分享

读书学习，让我更加了解幼儿

北京市西城区教育研修学院　陈　立

作为教研员，我们原来所学的心理学理论似乎还不能支持我们在实际工作中观察理解幼儿，这常常令我们很苦恼。为了更好地读懂幼儿，理解幼儿行为的意义，也为能有针对性地设计相应的研修活动，指导教师学习和研究，帮助教师学会观察和理解幼儿，把握幼儿教育的发展方向和规律，我们自身首先需要不断地学习。我努力寻找，特别幸运地找到了自英国引进出版的《读懂幼儿的思维》和《扩展幼儿的思维》两本书。它们像钥匙帮我打开了通向童心世界的大门。

这两本书主要通过图式理论研究来帮助我们了解幼儿的学习和发展模式，以及告诉我们如何在理解幼儿学习方式的基础上通过拓展思维的方式，促进幼儿发展。

什么是图式呢？"图式是一种反复出现的行为模式，通过这种行为模式经验被同化并逐渐获得协调。"图示理论为我们理解幼儿的思维提供了一个理论框架。通过学习，我获得了以下启示。

幼儿看似无聊的重复行为是有意义的探索和求知行为。比如，豆豆把桌盖翻了上百次，直到不感兴趣了才停歇，这是孩子在体验"覆盖—容纳"的图式；晨晨反复从高处向下扔东西的行为则是在探究物体的高度、体验下坠的感觉，这是"动态垂直"图式的典型表现；豆豆淘粪池没找到钱包却也得到满足，可能是因为她对"内、外"图式探索的兴趣得到了满足。

图式理论从幼儿认知特点的角度去解读幼儿的行为，让我们对幼儿多了一些理解，少了一些误解。对图式了解越多，越有助于我们理解幼儿的思维和学习方式，帮助我们有效地满足幼儿的个别需求。

幼儿的学习是自发的，是随时随地产生的。周围生活中有无数情境可以随时点燃和激发幼儿本能的好奇心和求知欲，所以他们的学习随时都在发生。上述例子中都有幼儿感兴趣的学习内容。认为剪子能够剪桌子的幼儿刚刚了解了剪子能够剪纸，却还不了解它的局限性。我们只要在确定不影响安全和健康的情况下，让幼儿去尝试一下剪不同的东西，就可以让幼儿对剪子的作用有更多的认识……所以，我们看到一些现象时，一定不要用自己的思维方式和经验去理解，而要多观察，从幼儿的学习方式和特点去引导幼儿，给他们探索的空间和机会，让他们获得有意义的学习。另外，看到幼儿有兴趣、专注地做某件事情时，我们不要轻易去打扰他，而要认真连续地观察他们。因为幼儿观察的耐心和所要学习的知识经验正是从专注地做这件事情中获得的。

幼儿图式观察为教师拓展适合幼儿的学习经验又不干扰幼儿提供了线索。当一个幼儿表现出对某一图式特别感兴趣时，教师应当利用自己的观察和幼儿学习与发展方面的知识、有效的教学经验确定下一步计划，要确保自己的干预不影响幼儿的思考和学习活动。例如，教师可以给他们提供不同的纸、布、塑料等帮助他们拓展这一内容；如果幼儿的思维滞留在某一图式上，教师要有计划地提供与现有图式相适应的干预措施，为幼儿的进一步发展创造机会。

对图式的了解可以帮助教师改变或减弱幼儿的某种行为。显然，幼儿的有些图式会干扰他人。如果有的行为确实到了不能忍受的地步，成人可以提供与幼儿图式相匹配、适宜的活动来尝试解决问题。例如，3岁3个月的西西拿什么扔什么，于是教师就设计了扔接球、铁环、沙包、飞机、悠悠球等活动，并制作靶子，给扔接结果计分等。西西的兴趣被吸引到适宜的活动中，还获得了其他学习经验。图式知识可以帮助我们处理一些原本不易处理的行为表现。

有关图式，书中还呈现了很多研究。它阐明图式与幼儿认知的发展关系，为我们多方面理解图式的作用和运用图式提供了帮助。

通过读书学习，我越发认识到幼儿的世界是奇妙而丰富的，是充满智慧和挑战的。只有用童心去观察幼儿，通过不断学习研究幼儿的学习方式，我们才能体会幼儿世界的魅力，才可能获得教育的真谛！

（二）请教咨询

为某个问题专门拜师请教也是教研员学习的一种方式。教研员在与教师一起研究实际问题时，特别是在参加园本教研过程中，常常会对一个问题争论不休。幼儿园也常常会把问题抛给教研员。有时教研员也因为认识的局限性把握不好问题，这就需要教研员不耻下问、咨询求教。在信息发达的当下，请教咨询的方式很多，如打电话、发短信、发邮件，等等。在条件允许的时候当面向相关人员咨询问题也是可以的。教研员要养成追根溯源、澄清认识的习惯，自己对问题认识得清晰，才能更好地和教师一起研究解决问题。

四、松散式随机学习

（一）媒体传播学习

当今社会，信息无比发达，各类媒体为人们在快节奏的生活中提供着碎片化学习的机会。

教研员都有自己的朋友圈。朋友圈里不断发布的信息，是教研员随机学习的很好资源。微信里的内容图文并茂、生动有趣，既简单便捷又有吸引力。因此，手机现在已经不仅仅是通信工具了，更是人们随时学习的移动资源库。

(二) 随机事件学习

对于一个善于学习的教研员来说，很多时候都是学习的契机。例如，同事之间聊自己的孩子在家的表现和新鲜事，都能使教研员零碎地积攒对幼儿的了解程度，会使教研员对幼儿的认识更加具体形象。

成人的学习有时不需要刻意安排，而应该成为一种习惯。当学习成为一种习惯之后，行走路过某个场景、旅游观光时的触景生情、生活琐事都能引发我们思考和学习。无意识观察在每个人身上都会发生，但不是每个人都有深入思考的习惯。教研员要培养自己对无意识触碰到的事物进行有意识思考的习惯，这样才会让学习发生在寻常时刻。

经验分享

静待花开须有时

北京市怀柔区汤河口镇中心幼儿园　赵兰香

家里的一棵花草叫青苹果。不知什么原因，它越来越不精神，最后整棵花叶全部枯萎凋零了。好几次收拾房间发现这个光秃秃的花盆时，我都想把里边的东西清理掉，却一直没有实施。或许我当时存有侥幸心理：万一根还能滋生新叶呢？但的确没抱报什么希望，只是偶尔随手往里倒点儿水。谁知奇迹真的发生了！过了大约两个月的时间，那干枯的根真的冒出一片嫩绿的叶芽！我无比惊喜。由此我更加坚信儿童的成长一定需要自我突破与超越。当教师和家长对儿童抱有美好的愿望和期待，施以正确的引导后，静静地等待，奇迹一定会发生。就像中班的田浩歌小朋友，她不敢和老师打招呼，所以她的妈妈很着急。但是每天清晨我们依旧主动问田浩歌早上好，即使她不回应也没关系。终于到了10月底的某一天，田浩歌也轻声问老师早上好了。真是有苗不愁长，孩子终归是不断进步的，只不过每个孩子成长的速度和时节不同而已。静待花开须有时，慢慢来，不着急。这是一种智慧，也是一种信念。

(三) 榜样示范学习

教研员经常参加一些业务活动。无论在教学研讨还是在跨区观摩活动中，身边的优秀同伴和名师的工作状态和研究精神无时不散发着诱人的感染力。他们与教师交流和互动的方式，会让人觉得很有特色。如果用心观察，我们就会从他们身上发现值得自己学习的地方。这种学习不是刻意模仿的行为，而是我们心中不自觉地萌生的对名师的崇拜或者对同伴的无比赏识。"她怎么如此优秀，我同她差距很大啊。""她和教师这种特殊的交流方式，教师很喜欢。"这种内心的趋向性，会使教研员在今后的工作中常常鞭策自己，从而使教研员在实际的教研工作中为自己树立学习的榜样和目标，努力要让自己变得更加优秀。

经验分享

我也试试

北京市怀柔区教育科学研究中心　韩爱萍

在一次教研活动中，大家讨论艺术领域活动中的开始部分。在观看到老师通过播放幼儿真实活动图片、视频引发幼儿回忆时，王老师说："前边看图片时，幼儿说得很充分。但是老师有没有必要在一节课中利用这么长的时间去回顾？这个环节可不可以在这次活动之前进行？"吴老师说："在这次活动中进行回顾是有必要的，能够激发幼儿的情感。"这就出现了两种意见。面对这个突然出现的问题，我一时不知如何回应。教研室赵主任问大家："活动开始部分是唤醒。在这节课中唤醒的积极意义是什么？"陈老师说："通过激发，幼儿很快就能回忆起之前活动的情境，有利于幼儿后面的创作。我觉得帮助幼儿唤醒经验很有必要。"龚老师说："幼儿的作品丰富多彩，不是千篇一律的，蕴含着情感，就是因为唤醒时老师的引导。"大家各抒己见，最后一致同意在本次活动中应该进行经验和情感的唤醒。

我一边听着大家的发言，一边在想刚才赵主任抛出的问题。赵主任从另一角度进行引领性的提问，使大家很快达成了共识。我也要试一试。于是，我更加关注每位老师发言的内容。我问大家："刚才大家反思时说到技能，那么今天的美术活动需不需要教技能？"肖老师说："不用教。老师只要给幼儿提供感受与欣赏的机会，技能自然而然就会了。"田老师说："幼儿需要的时候可以提供。"我追问："什么时候是需要的时候？"田老师说："当幼儿在活动过程中遇到困难，遇到坎坷时，老师要在这个时候提供必要的技能支持。"李老师说："我同意田老师说的。这时候支持引领，有利于幼儿把情感再一次表现出来。否则，幼儿可能就放弃了。"我继续问："在今天的舞蹈创编活动中，幼儿自由表现包饺子、放鞭炮。在这个过程中，我感觉幼儿并没有遇到困难，那么老师需不需要去引领？"王老师说："应该引领幼儿创编更丰富的包饺子的动作，因为幼儿一般亲自包过饺子。"肖老师说："老师的引领还要体现艺术教学的特点，比如动作要与音乐合拍等。"

我在尝试向赵主任学习，我觉得要做到真正给老师以启发和引领，不是一件容易的事。除了多学习，我们在教研活动中还要仔细地听老师的发言，迅速提取有价值的问题。

第三节　专业发展

教研工作的特殊性使得教研员需要不断学习与"充电",在工作过程中提高能力,在研究问题时充实自己,在服务基层中体会职业的价值感和幸福感,因此教研员的专业发展是其职业生涯中永恒的话题。教研员应该在不断学习、实践、再学习、再实践的过程中全面提升个人素养,实现专业发展的新突破。教研员是教育研究的排头兵,需要在一路行走一路思考中不断提升个人素养,寻找自我成长的途径。

一、专业思想不断巩固——专业思想是教研工作的内驱力

教研员首先要有职业精神,要热爱这份职业,才会无怨无悔付出。教研员要有对幼儿发展高度负责的精神。教研员要有甘当绿叶、默默奉献、甘为人梯的情怀,因为教研员的工作是在为幼儿园、教师和幼儿的发展服务。教研员要以自身的沉稳与真诚回报教师的信赖,辅助教师成长,通过不断学习更加理解岗位内涵,以提升区域教育教学质量为己任,不断提高服务品质,提升教育境界。

二、专业知识更加丰富——专业知识是教研质量的基础

教研员只有专业知识丰富、课程意识强,重视对课程育人的研究和指导,才能提高教师的教育水平;只有更加关注教师的真需求,才能为教师提供个性化、差异化的指导和服务。教研员要甘于学习与研究的寂寞,注意做到以下几点。

夯实专业知识:学科专业知识精深,把握学科本质和学科思想与方法。

掌握教研方法:能够有针对性地组织连片教研和园本教研;能指导教师落实指南,能示范教学新理念和新设想;能依据幼儿的兴趣需要,指导教师创设情境和选择教学策略。

创新培训方式:理解与支持教师,明确教师需求和幼儿园需求,构建有区域特色的学科教师教育课程;能够规划并组织区域研修。

构建特色课程:理解课程的育人价值,能够把握教材的编写意图并组织教学。

三、专业能力不断提升——专业能力是教研品质的保障

教研员只有在自身深入理解《幼儿园教育指导纲要(试行)》和《3—6岁儿童学习与发展指南》精神的基础上,围绕领域的核心价值,持续有效进行"学"与"教"的研究,基于真实问题,基于客观事实和可靠的数据分析,提出有建设性、可操作性的改革设想,并进行扎实的实践,才能为教育改革服

务，为质量提升导航。教研员需要不断提升以下专业能力。

（一）教学研究与指导改进能力

教研员要有敏锐的观察力和分析问题的能力，要有准确的判断力。教研员要以多种形式调研教学现状，发现并确立幼儿园教学的关键问题，并能以幼儿园教师理解的方式与其交流研讨，带领教师在实践中改进。教研员要通过研究问题和解决问题，提高对教育实践的指导水平。

（二）质量评价与分析反馈能力

教研员要能够依据相关评价标准，制订教学、游戏、环境等评价方案，研制适宜的评价工具并实施评价；基于大数据的分析和反馈，给幼儿园和教师提出改进建议。

（三）教学创新与改革能力

教研员要做教学改革的先锋，一是要了解教育改革的前沿信息，迅速做出分析判断，结合地域实际进行筛选学习和引进；二是能洞察本地域幼儿园教学存在的问题，形成课题，用研究的方法解决问题；三是能组织教学改革实验研究，善于发现并总结推广优秀成果。

经验分享

倾听教师心声　真心给予帮助

北京市怀柔区教育科学研究中心　宋博阳

"亲近自然　快乐成长"综合实践课程，是我们怀柔区学前教研室结合区域优势开展的课题研究。为了更好地推动课程研究，入园进行有针对性的指导就是我们日常的重点工作之一。指导过程中的一些小故事激发我不断思考。

故事一：

初春的早上，我坐着公交车来到九渡河幼儿园，和老师们一起到幼儿园周边观察分析自然资源。山上的小树还没有发芽，可田间的野菜已经告诉我们春天来了。"现在我们可以利用这些资源开展什么样的活动？"老师们边走边说。我发现大家的思路比较窄，于是我又问："你们认为自然资源的课程可以怎样设计？大家有什么困惑？"马主任说："现在还有点冷，过几天我们就可以开展种植活动了，我们已制订了种植计划。"马主任的想法说明他们在开展课程研究中把重点放在了种植上，思路比较狭窄。

根据实际，我跟大家分享了准备好的树叶系列活动。秋天，孩子们到自然中发现地上有很多落叶，自主玩起了拣落叶、落叶雨、落叶山、搓落叶等游戏。活动后老师组织孩子们说说自己的游戏和发现，这个不经意的环节让老师有了意外的收获。孩子们除了发现了叶子的基本外形特征，还提出了自己的问题，例如，有的树叶上有很多小洞，是虫子吃的吗？虫子最喜欢吃什么树叶？为什么树叶有各种颜色？树叶还能变成别的颜色吗？哪些树的叶子最先落下来？……老师就追随着孩子们的想法，开展后续活动，例如持续观察树叶的变化，对比什么树叶上的洞最多，寻找虫子喜欢吃的树叶，把树叶带回班做树叶变色实验，利用树叶做插花、项链、手链、头饰等装饰品。

系列活动分享后，老师们的思路也随之打开，他们根据本园的实际情况想出了除种植以外利用自然资源开展的活动。例如，"走出去"，利用周边的自然环境，带孩子们到小河边观察蝌蚪、打水漂，进行自制小船漂流比赛等；"请进来"，利用一些自然物进行游戏、开展艺术创作。老师们有了初步的想法，但要在实践中进行尝试。

活动后我给老师们留下这样三个问题：①利用自然资源，孩子们可以做一件什么感兴趣的事？②做这件事可以发展幼儿哪些方面的能力？③在孩子们做事的时候老师干什么？我希望通过对问题的思考引导老师们实践探索的方向。

故事二：

在看园内环境时，我看到室外的走廊上捆绑着几个用废旧雪碧瓶子做的器皿，里面都装了土。我问："这是准备做什么？怎么做？"姜老师说："我们准备用这个种一些豆子，让孩子们感受豆子的生长过程。"我及时说出了自己的想法："我觉得，你们利用这个空间让孩子们观察种植特别好，但是，这里面还有什么教育价值可以挖掘呢？比如，我们可以把器皿和学生分成三组。第一组在不同环境下种同一种豆子，观察它们的生长有什么不同；第二组、第三组可以再观察什么？"我刚说完，姜老师就恍然大悟："哦！我明白了，第二组可以在土里种豆子，有黄豆、绿豆、红豆、大芸豆，比比谁先发芽、谁先长大。我们还可以问问孩子们想种什么、怎么种。"听到姜老师的想法我特别激动："对，就是这个意思。老师们真是挺聪明的，一点就透。这就叫挖掘了材料的教育价值。通过不同环境、不同种类的种植与比较，孩子们就能真实地观察到植物的变化，感受植物的多样性和生存条件，这也是《3—6岁儿童学习与发展指南》提到的科学领域幼儿的典型表现。我期待下次来能看到你们的变化。"

上述故事引发了我的感悟。

感悟一：指导前的充分学习准备是保障指导效果的必要条件。

在去幼儿园之前，我反复听了赵兰香主任关于自然资源利用的录音，上网看了大量关于自然课程的主题活动，对课程有了更加深入的了解。自然资源的课程不光要带孩子走出去，还可以将自然资源带回来。我们身边的风霜雨雪都是开展自然课程良好的资源。同时，我上网搜集了很多关于利用自然资源开展活动的案例，为指导幼儿园做足了准备。作为一名新教研员，我不会引领老师的时候，就做个有心人，听听专家对课程的解读，把自己非常认同的、可操作的、能跟老师说明白的观点转变成自己的看法，并对老师和园所提出期望，引领他们研究，在听、思、研、总结中适应教研员引领者的角色。

感悟二：根据园所的需求进行指导才受欢迎。

在指导九渡河幼儿园的过程中，我主动与马主任沟通，寻问老师们在开展"亲近自然　快乐成长"综合实践课程中有什么想法，需要怎样的支持，并得到了马主任的积极回应。她表示老师们在开展这样的主题活动时还是有一些困难的。有了前期的需求调研，我进行的引领、指导是他们现阶段最需要的，也能够解决实际工作存在的问题。这样的活动，才能帮助幼儿园开展研究。

感悟三："沟通及时性，方法针对性"是满足幼儿园需要的关键。

我在一线当老师的时候，最需要这样的指导：不是代替老师做，而是告诉老师怎么做，更应该让老师明白这样做的原因。今天我在现场的指导让老师们直观地了解了怎样挖掘资源的价值，拓宽了他们的思路，使他们能够做到举一反三。之后我又将老师们的想法与《3—6岁儿童学习与发展指南》对接，使他们感受到《3—6岁儿童学习与发展指南》中的典型表现就在孩子们的日常生活中，而老师的作用就是要创造这样的机会和条件。通过这样的对话，老师们有了认同感，对接下来的研究充满了信心。我们教研员就要在幕后做支持者，让老师们在前台展示自己的才华。

第三章　指导与服务

指导与服务是教研员的两个重要职能，它们指向工作的两个不同方面，但又彼此相互联系。指导是指教研员引领教师在教育观念、教育行为、教育方式等方面不断调适，以适应学前教育改革发展的需要，其中专业引领是最重要的。服务是指教研员要为教育行政部门提供专业建议，同时也要为基层幼儿园提供最新的专业信息、资料。

在北京市乃至全国各地，学前教育教研员的数量是十分有限的，他们指导与服务的对象主要是幼儿园的业务领导、教师。教研员要集中力量培养业务领导和骨干教师，使他们产生"造血"功能，发挥辐射、带头作用，以带动更多的教师实现专业发展。由于业务领导、教师在幼儿园的工作岗位不同，所以教研员对他们的指导与服务也会有所不同。

第一节　指导的内容及策略

指导是指教研员运用理论对实践进行指导，同时将实践上升到理论，所以教研工作是理论与实践之间的一座桥梁。幼儿园工作千头万绪，而与保教工作有关的业务活动都属于教研员的指导范畴。为了突出重点，我们将从教研员对业务领导和教师的指导内容及策略分别进行阐述。

一、指导的内容

（一）对业务领导的指导内容

教研员针对幼儿园业务领导的指导内容主要是围绕业务领导在幼儿园中的业务职责展开的。概括地说，业务领导在园里承担着保教工作管理和保教工作实践两部分工作。他们既有大量的文案工作，也有大量的教育实践指导工作。

1. 对文案的指导

教研员对业务领导文案的指导包括两类：一类是业务领导自身撰写的文案，如幼儿园保教工作计划和总结、幼儿园教研工作计划和总结等；另一类是业务领导批阅教师的文案，如幼儿园班级工作计划、教师半日活动计划、观察记录、学习故事等。

2. 对教育实践的指导

教研员对业务领导教育实践的指导主要包括两部分：一是业务领导指导的

教师的一日活动,二是业务领导组织的园本教研活动。

(二) 对教师的指导内容

教研员深入幼儿园进行各类视导工作,经常会进入班级直接面对教师进行互动指导工作。教研员对教师的指导主要是对教育实践的指导,如幼儿的生活活动、游戏活动、教学活动、户外活动等,也包括一些文案的指导,如观察记录、教育笔记、教育教学计划、一日活动安排等。

二、指导的策略

教研员是理论与实践的桥梁。教师的主要任务是遵循科学的教育理论进行教育实践。因此,教研员在实践中既要运用理论解释实践,也要在操作层面解决教师"怎么做"的问题。

(一) 对业务领导的指导策略

教研员对业务领导的指导要站在保教工作管理者的角度。从组织到计划再到实施都是指导的范畴。

1. 对文案的指导策略

教研员对业务领导文案的指导策略要考虑他们各自所处的管理阶段和管理经验,对不同管理阶段和有不同管理经验的业务领导要不同对待,使指导具有针对性。

(1) 模板式指导策略

模板式指导策略是指为业务领导撰写的文案的结构与规律提供一种固定、标准的模式。这种方式比较适合处在发展初期阶段的幼儿园业务领导,使他们掌握文案撰写的基本要求。教研员采取模板式指导策略,为业务领导提供各种文案撰写的基本结构、范例,以实现业务领导有"样儿"可学,实现指导的效果延伸。例如,教研员可以为年轻的业务领导提供教研工作计划的范例。

教研工作计划范例

曙光幼儿园教研工作计划(2015—2016学年度第二学期)

北京市西城区曙光幼儿园　汪京莉

一、对上学期教研工作的分析

(一) 成绩与优势

上学期我园紧紧抓住"西城杯北京市半日评优"展示交流的契机,有效地帮助教师提升了对幼儿游戏的深刻认识,认识到"玩"在整个幼儿成长中的作用。

①通过教研,我园教师正在逐步向"做个善于和孩子一起玩的教师"转

型。较多的教师越来越能够关注游戏中幼儿的兴趣点，能够提供幼儿喜欢的、有自主空间的游戏活动。

②在"学习故事"和"区域研究"的开展中，我园青年教师在专业上呈现出一定的研究意识和兴趣，一部分青年教师开始具有较为明确的班级活动研究方向。

（二）存在的问题及原因

①在学期末的调研中，很多教师提出了对班级自然养殖区创设的困惑，主要包括不同年龄段自然养殖区的特点、怎样让自然养殖区也能"玩"起来。

②在如何"做个善于和孩子一起玩的教师"的研究中，教师的关注点更多在于挖掘和发现适合幼儿玩的材料，但是在回应和支持幼儿的游戏需求上还需要进一步研究和提升。

二、本学期教研工作的目标及重点

根据对上学期教研工作取得成绩与存在问题的分析，以及对教师的调查，本学期我园将以《幼儿园教育指导纲要（试行）》和《3—6岁儿童学习与发展指南》为指导，"以关注幼儿，解读幼儿"为切入点，在全园工作计划的统筹安排下，结合保教工作计划的要求，以务实、创新为重点，以骨干教师为核心，开展各领域教学研究工作，促进教师的专业发展，全面提升幼儿园的保教工作质量。

本学期教研工作的主要目标如下：

①帮助教师获得开展自然养殖区活动核心价值的认识；

②提升教师在区域游戏中解读和支持幼儿自主学习的专业能力。

三、本学期教研工作的整体安排

（一）全园大教研活动（业务园长负责）

时间	目的	内容	形式	备注
3月第一周	让教师了解本学期的研究内容，征求教师意见。	布置并讨论教研计划。	集体	教研计划
3月第三周	1. 以本学期各班自然养殖区现状为例，进行初步分析。2. 梳理和了解自然养殖区设计的原则。	1. 以班级自然养殖区材料为例进行分析。2. 分组进行初始设计的思考。3. 讨论梳理教师现有的对自然养殖区创设的建议，并引发思考。	集体、分组	提前了解教师在应用中的困惑和感受

续表

时间	目的	内容	形式	备注
4月第一周	1. 探讨和发现如何让自然养殖区动起来。2. 明确自然养殖区的核心价值。	1. 提出问题并思考：自然养殖区的核心价值是什么？2. 讨论：在核心价值支撑下，自然养殖区"玩"起来的方法有什么？	集体、分组	汇报小组提前做好课件研讨后的班级实践
4月第三周	1. 梳理不同年龄段自然养殖区创设的特点。2. 调整、创设适合班级幼儿的自然养殖区。	1. 采用照片、课件汇报的形式分析材料。2. 讨论、汇总和发现：小班、中班、大班自然养殖区创设的特点。3. 反思和调整本班的自然养殖区。	集体	案例分析
5月第一周	采用体验和录像的方式，发现各年龄段自然养殖区幼儿与材料互动的适宜性。	1. 体验：能"玩"起来的自然养殖区。2. 观看活动录像。3. 分析自然养殖区材料是否真正体现幼儿的游戏性、自主探究性和可延展性。4. 结合区域游戏的原则，分析现有材料。	集体	提前准备录像；主持人先尝试"玩"的效果
5月第三周	梳理和整理不同年龄段自然养殖区设置、材料投放等研究经验。（第一次）	汇总各班自然养殖区材料。	分组	整理、梳理（以年级组为教研单位）
6月第一周	全园教师分享自然养殖区的研究，实现资源共享。	1. 分享各组自然养殖区的研究。2. 形成教师资源共享平台。	集体	分享、汇报
随机	1. 帮助教师获得家长工作的有效策略。2. 提升教师提供优质服务的意识。	1. 案例呈现与分析。2. 获得有针对性的家长工作策略。3. 研讨"如何应对'麻辣'家长"。	集体	案例、困惑收集
随机	1. 帮助教师获得家园共育的有效策略。2. 提升教师指导家园共育的专业能力。	1. 分享家长工作中的收获。2. 研讨"如何做好家长工作"。	集体	分享

（二）各年级组教研活动（年级组长负责）

各年级组在具体工作中落实本学期的教研重点。本学期各年级组主要完成的教研工作：

①开展"好玩的玩具，孩子成长的伙伴"自然养殖区材料研究；

②延续上学期"做个善于和孩子一起玩的教师"教研，继续引领本组教师在关注幼儿游戏的情况下回应幼儿的适宜策略；

③开展常规交流和教育活动教研。

（具体见各年级组计划）

本学期，我园将继续以"关注幼儿，促教师观念与行为并轨"为教研主线，一如既往扎扎实实抓教研，在"研"字上下功夫，实实在在地研究幼儿在各领域教育教学活动中经常面临的问题。

以上教研计划为我园的初步设想，会跟随教研实际中出现的问题随时调整，从而满足教师的发展需求，切实解决教师教育中的问题，提高教育质量。

（2）个别化指导策略

个别化指导策略是指有针对性地对个体进行一对一指导。例如，有一定业务管理经验的领导已经过了模仿阶段，向具有业务管理风格和特色的方向发展。所以教研员对他们的文案指导要在了解业务领导发展现状、园所发展方向的基础上，具有针对性，引导业务领导突破固有的模式，向有特色、高质量方面发展。

经验分享

写出自己的风格

北京市门头沟区教师进修学校　刘　洁

连续走进几所幼儿园，我发现他们的保教工作计划如同出自一个人之手。结构一样我还可以理解，内容相似就令人费解了。一个园所和一个园所的发展情况不同，它们的保教工作计划怎么可能相近呢？这件事引起了我的注意，也引发了我的思考：这是为什么呢？

于是我问一位业务园长："闫园长，你制订的保教工作计划很规范，但怎么跟其他几个园的那么像呀？"闫园长笑了笑，说："啊？能看出来？"她见我笑而不语，接着说："上学期我们开了一个档案管理现场会，我们觉得会上的保教工作计划制订得特别好，都用手机拍照了，回来就照着写了。"听了闫园长的解释我才恍然大悟，原来大家的计划都出自一个模板，所以很相像。

于是，我问："闫园长，你做业务管理工作几年了？"她说："算算已经八年了。"我接着说："已经八年了，您算得上一个成熟的业务管理者了。"她听了后，觉得我话里有话，于是问："是不是我不应该照着别人的写呀？"我说："是不是要照着别人的写，要看自己的能力和需要。"

接着，我和闫园长一起分析了她的业务管理风格、示范园对保教工作的要求及个人的发展方向，又结合她制订的保教工作计划进行了适宜性、可行性分析。之后，闫园长说："我明白了，保教工作计划是根据园所制订的全园计划，是结合我们园教师队伍、幼儿发展、教研工作、保健工作、家园工作发展的现状而制订的。我应该写出自己的风格。"我说："做计划就像量体裁衣一样，计划是适合自己园所的，而不是拿别人的或者向别人借来的。"

业务领导的辐射作用在幼儿园十分重要。他们的管理水平也会带动或制约园所保教工作质量的提升。教研员在指导业务园长时，要发现他们的优势，挖掘他们的潜能，结合教育实践，从计划到实施、从理论到实践进行全面而有针对性的指导，使他们逐渐形成自己的业务管理风格。

（3）核心要点式指导策略

核心指的是中心部分、主要部分。教研员在指导业务领导批阅教师的文案时，要抓住每一种文案呈现的核心要点，要突出重点。业务领导批阅教师的文案是一项重要的工作。很多教师在收到业务领导发还的文案时，都会很认真地查看领导的批阅情况。教师文案有三类：计划类、记录类、总结类。

计划类，如班级计划、半日活动计划等。核心要点要体现：基本结构规范、完整；内容具有目的性、针对性、合理性、系统性、操作性；体现正确的儿童观、教育观、课程观、价值观。

记录类，如观察记录、学习故事、成长档案等。核心要点要体现：基本信息齐全；描述真实、客观，详略得当；分析合情合理，具有针对性，体现正确的儿童观、教育观。

总结类，如班级工作总结、个人工作总结、幼儿发展评估等。核心要点要体现：既全面又重点突出；条块类别梳理清楚；有事实支持又有理论提升。

2. 对教育实践的指导策略

教研员对业务领导教育实践的指导主要围绕业务领导指导教师的一日活动和组织园本教研活动展开。

（1）示范式指导策略

示范式指导策略是指在教研员指导教师教育实践时，业务领导跟随教研员学习。教研员像师傅带徒弟一样，为业务领导树立指导的榜样，起到示范、引领的作用，手把手地传授指导教师的内容、方法、交流方式。

经验分享

记下你说的每一句话

北京市门头沟区教师进修学校　刘　洁

在一次教研活动中,当我谈到游戏指导的有效性时,李主任翻着本说:"刘老师,您上次是这样说的……"李主任的话让我想到了前不久带着她一起进班看活动的情境。

李主任是我主持的教育管理研修站的成员,所以到幼儿园进班听课时,我有意安排她和我在一起。我走到哪儿,她就跟到哪儿,像我的影子一样。莎莎小朋友在搭立交桥,可是她把桥搭到柜子边没有地方了,就想把桥整体往后挪。带班王老师见到孩子搭桥出现了问题,便走过去以建议的口吻说:"挪桥多费事呀,我觉得你拐一个弯就行了!"莎莎看了看王老师,听从了她的建议,开始往左边拐弯搭桥。王老师帮助孩子解决了问题,便离开了。

在王老师刚刚离开不久,莎莎就将王老师在时搭的积木拆了,还是想按照自己的方法往后挪桥。但是把搭好的桥往后挪很费事,她试了几次都没有成功,只好放弃了。然后她拿着积木把桥拐向了右边。我关注着王老师和莎莎的互动,以及莎莎对王老师指导的回应。李主任始终和我在一起,关注着我所关注的一切。

在和带班的王老师交流这个环节,王老师不解地问我:"刘老师,当时莎莎明明接受了我的建议,为什么我走后她就改变主意了呢?"我没有马上回答她,而是问她:"你为什么不让她挪桥而让她拐弯呢?"王老师说:"我觉得挪桥费事呀!"我笑着说:"你认为挪桥费事,但莎莎是这样认为的吗?"王老师说:"开始她不觉得,后来她觉得费事了。"我又问:"为什么开始她不认为费事后来认为了呢?"王老师说:"她试了几次都没有成功呀!"我说:"这就对啦!开始是你认为费事,莎莎没有感觉;后来莎莎亲自尝试以后,感觉到了费事,说明孩子在游戏中积累了经验。只有在她需要时,教师提出的建议才会被她接受,否则她还会按照自己的想法游戏,这就是游戏赋予孩子自由、自主的权利。"

在我指导王老师游戏时,李主任并没有多说话,她只是在不停地记录着,后来她告诉我,我的追问总让她不停地想。她很累,但很有收获。但我没想到她不但将我的话记在本上了,还用到了指导教师的实践中。

(2) 跟随式指导策略

跟随式指导策略是指教研员跟随业务领导指导教师的全过程,进行观察、记录、分析，针对业务领导指导教师的过程进行指导。

经验分享

与教师保持同一个视角

北京市门头沟区教师进修学校　刘　洁

张老师是我的工作室的一名成员，刚刚从骨干教师走上业务管理的岗位。应她之邀，我和她一起走进了中班的活动室，参与她指导教师的全过程。

一、追随教师的脚步

我今天的工作重点是跟随张老师的脚步，观察她如何指导教师关注孩子、关注游戏，在了解她指导教师全过程的基础上，对她进行指导。此时，孩子们正在进行区域游戏。站在张老师的侧位方向，我既可以看到她，也可以看到她所观察的黄老师和孩子。带班的黄老师穿梭在孩子之间，指导游戏中的孩子，回应着找她解决问题的孩子。我看到张老师小声提示了黄老师什么，黄老师就转向了积木区的小朋友。黄老师协调四个孩子合作搭城堡，而一个女孩坚持说自己快搭完了，不需要别人帮忙。正在这时，姗姗小朋友来找黄老师，说压面的工具压不出面。于是黄老师放下积木区的孩子，又来解决姗姗的压面问题。我看到张老师全神贯注地观察着老师、孩子，时时做着笔录并拍照。我的眼神在张老师、黄老师、游戏的孩子之间"扫描"，唯恐落下任何一个细节……

二、回应教师的问题

区域游戏结束后，我继续跟随张老师，倾听与观察她与黄老师的交流。首先，张老师让黄老师自己说一说区域游戏中自己与孩子游戏的亮点和困惑。黄老师有两点比较困惑：一是孩子才游戏一会儿就改变计划玩别的去了，那老师要不要干预？怎样干预？二是找自己解决问题的孩子不是自己小组的孩子要不要持续跟进她的游戏？怎样跟进？

黄老师提出问题后，张老师反问："为什么孩子会改变计划？"黄老师说："他要拼老爷车，一会儿就拼完了。"张老师又问："他完成了自己的计划，又去干别的可不可以？"黄老师说："可以呀！"张老师说："姗姗不是你小组的，所以你不知道她的计划，不确定她找老师你管不管是吧？"黄老师说："是啊！"

这时，张老师看着我："刘老师，您说呢？"我本来不想参与指导，但看到张老师直接把球抛给了我，我就加入了他们的讨论。我问："黄老师，分小组的目的是什么？"黄老师说："为了更好地了解幼儿游戏的意图，支持幼儿游戏呀！"我又问："那孩子有问题找到你，是为了什么？"黄老师说："是希望我帮她解决问题呀。"……就这样，在我的追问之下，黄老师终于明白了分组只是一个形式，不能让它限制了教师对孩子的支持。班上的每一个成员都应该在孩子需要的时候，给予孩子积极有效的支持和帮助……

三、启发教师思考

黄老师走后，我和张老师进入第二个环节的讨论：一名业务领导，如何指导教师？

看到张老师迫不及待的眼神，我首先肯定了张老师能追随授课教师的眼神、忠实记录现场、尊重教师的发展水平，然后以提问的方式引发她思考："在指导教师时，教师的需要是什么？你是怎样满足教师的？""在指导教师时，你的目的是什么？你如何实现你的目的？"

张老师说："之前我还真没有认真想过这两个问题。现在想想，教师需要我帮助她解决问题吧。我指导的目的是帮助教师提高业务能力呀！"我接着问："教师困惑的原因是什么？你提高教师业务能力时用了什么策略？"就这样我和张老师问着，思考着，互动着……

最后，张老师说："刘老师，我要带着目的进班，带着要解决的问题进班。我也做一个计划。"张老师有了自己下一步的打算、想法，这也许就是她指导教师的突破吧！

指导业务领导对教师进行指导是教研员的重要工作，它就像教研员洒下的种子在幼儿园的土地上生长。教研员与业务领导、教师保持同一个视角就会达成共识，从而实现交流时的共思共研。

（3）"研前研"指导策略

"研前研"是指教研员在指导园本教研活动之前，参与教研准备工作环节，如教育实践的问题诊断、活动案例的梳理、教研活动主题的确定等。教研员应针对每一个环节进行预先研究。这种指导没有固定方式，目的是提高教研活动的实效性，把指导放在前面。

经验分享

二次"研前研"带来的改变

北京市东城区教师研修中心　彭　彤

作为一名教研员，我深入园所指导园本教研是工作的常态。在参与园本教研的过程中，我常常发现以下问题：年轻的业务领导无法准确诊断教师在教育实践中的困惑与问题；或者他们能够诊断出问题，但是教研活动的设计、教研过程与要解决的问题脱节，教研的实效性不强。针对这样的问题，在指导一所幼儿园时我进行了两次与业务领导教研前的专题研讨，期望通过自己的指导，推进园本教研的进程。

一、走进现场，挖掘问题

该幼儿园围绕"活动区低结构游戏材料的投放与指导"进行着研究。我首先进入小、中、大三个班进行实地观察、了解。我发现小班教师为孩子们提供了彩色的水笔帽，然后孩子们在教师提供的特制的圆形盒子中按照颜色一圈一圈地码起来……"孩子们是自发这样操作的吗？教师是怎么引导的？有没有教师的暗示？"我的心中充满了疑惑。

二、梳理问题，确定方向

看班后，我与业务园长开始了第一次"研前研"。我问业务园长："你觉得现在区域活动反映出的问题有哪些？""活动中的材料是低结构的吗？孩子自主吗？教师有研究的兴趣吗？""低结构材料为什么会呈现出高结构的状态？""为什么教师的研究兴趣不高呢？背后的原因是什么呢？"业务园长在我提出一系列问题后，开始意识到现阶段教师存在的问题。我们一起梳理下次教研要解决的教师问题，即调动教师"研"的积极性，引导教师意识到在材料投放中的观念问题，放手让幼儿在活动中自主行动。

三、针对计划，进行二次研讨

教研活动前，业务园长把教研计划发给了我。我可以看出她精心设计了教研活动环节，包括加上了让教师操作废旧材料的体验环节，但我们讨论的问题没有落实。我拨通了业务园长的电话，进行了第二次交流。我首先肯定她计划设计的用心之处，启发她思考这样实施计划后能不能把之前讨论的问题解决、落实。如果计划和问题不呼应，那说明教研实效性不高。我希望她认真想一想每个环节要解决什么问题。我的话引起了业务园长的思考……

四、改变计划，教研落地

首先，业务园长带着大家回顾了近一段时间大家研究的过程；然后请一位做得好的教师分享投放材料后通过放手、等待、支持，看到幼儿自主探究带来的变化；最后出示了一张表格，列出了每位教师提供的低结构材料，如管子、曲别针、笔帽、易拉罐等，以及教师简单的设计、幼儿的玩法和开始玩时幼儿的人数等。教师通过看图，会发现自己投放材料的问题。教师开始主动向做得好的同事请教。在接下来的讨论环节，教师也能够主动反思自己的观念、设计、引导等方面的不足。气氛比开始热烈了，教师的研究热情被调动起来了。有的教师说："我还要学会放手。"有的教师说："看了高老师的材料，我觉得相信孩子就一定会有精彩时刻。因为不相信孩子，所以我管得太多，限制了孩子，以后要改一改。"……

教研结束后，参加观摩的业务园长们也热烈地讨论起来。我感触最多的是教师研究的积极性被点燃了，并且教师能够自主发现实践中的问题。组织者说："彭老师，我一直在想怎样做才叫'让教研落地'。今天从老师们的反应看，教研真落地了。通过对比表格，教师发现了实践中的问题，同时我也看出了她们想改变的渴望。"

看到组织者和业务园长们兴奋的表情，我也被深深感染了。通过两次"研前研"，教研的实效性得到了加强。我发挥了教研员该起到的作用，心里充满了职业的幸福感。

（4）交流反馈式指导策略

交流是信息互换的过程，是指教研员将教师想知道的东西告诉他们，将自己想了解的地方向对方了解清楚，相互沟通。而反馈更多是指在教师组织活动后，教研员将自己了解到的情况进行评析，讲给对方听。交流、反馈是评析中的两个不同方面，但又相互联系。教研员的反馈一定要建立在交流的基础之上，这样才能有的放矢。

经验分享

在反馈过程中如何引导教师主动思考

北京市东城区教师研修中心　马春杰

教学观摩后向被观摩教师进行反馈，是教研员常见的一种工作方式，目的是帮助教师更好地改进实践、促进教师专业能力的提高。教研员应努力打破"我说你听""我对你错"的方式和观念，重新建立评价关系，提高反馈的水平和质量。如何在反馈过程中引导教师主动思考？引导教师自主发现问题？我做过如下尝试。

一、让教师自己提出问题

活动前，我会提示教师在教学活动中注意观察和体会，发现困扰自己的问题。反馈时我请教师提出自己察觉到的问题。从解决教师自己发现的问题入手，很容易形成有效的对话。

二、多种方式呈现现场

我尝试通过语言描述、呈现幼儿作品、师幼对话、再现幼儿的操作过程等方式，和教师一起回顾教育现场，引导教师从多种信息中发现问题。有一次，当我给一位新教师呈现了几张头饰挡住了幼儿的眼睛从而影响钻爬活动的照片时，教师马上就找到了原因：一是皮筋太松，二是小蚂蚁的形象做得太高而钻筒直径较小。这时再与教师沟通"材料的预操作"以及"如何发挥头饰的作用"等问题，教师就深有体会了。

三、灵活运用提问的方式

反馈过程中，教研员会大量使用提问的方式来引导教师表达观点、不断思考、延续对话，那么如何提问才能达到引导教师自主发现问题的目的呢？

开放性提问：目的是引导教师充分表达自己在某个环节、某个材料以及某个孩子的表现方面的想法，从而判断教师的关注点及原有认知，如"你对今天的活动最满意和最不满意的是什么？"

定向性提问：目的是了解教师在某一个问题上的观点和想法，一般针对出现问题的那一部分，如"在选择这些用于高矮排序的材料时，你是怎么考虑的？"

选择性提问：目的一是帮助教师对某一问题做出明确、肯定的判断；二是了解教师对问题的确切想法，如"这个孩子没有完成操作，你认为这是孩子自身能力的问题，是材料选择的问题，还是教师支持方法的问题？"

推测性提问：目的是通过推测教师的想法，引发进一步对话，如"你之所以把制作的步骤讲解得那么详细，是担心孩子们自己做会遇到很大的困难吗？"

追问性提问：目的是引发教师对某一个问题进行深入的思考，如教师说："我觉得我介入的时机挺合适的。"我们就可以追问："哦，你觉得哪些方面合适？"或者追问："还有其他的介入方法吗？"

这些提问方式如果能根据实际情况灵活组合使用，就既能调节氛围，又能更有效地引导被观摩教师自主地发现问题以及双方进行有效探讨。当然，不是所有的问题都能被教师自主地发现的，有些问题需要直接提示给教师并做出相应的说明。

教研员在指导过程中引导教师主动思考：一是基于教师专业发展的要求，即《幼儿园教师专业标准（试行）》要求教师要能主动收集并分析相关信息，不断进行反思，改进保教工作；二是必须相信每位教师都具有自主发现问题和反思的愿望和能力；三是通过对话引导教师自主反思并帮助教师完善教育观念和行为。

（5）平等参与行政教研的指导策略

行政教研目前还没有一个准确的定义，目前我们将其理解为以园长为首的幼儿园行政人员在园本教研活动前后针对本次教研活动，为改进教研活动质量而开展的专项教研活动，有的时候针对管理工作中出现的问题，以教研的方式加以解决。教研员是业务专业人员，适合以平等的身份参与活动，以倾听、协商等方式参与到出谋划策的研究活动中，帮助幼儿园对专业问题进行甄别、把关。

经验分享

行政教研中的一员

北京市门头沟区教师进修学校　刘　洁

今天的教研注定是一次很辛苦的行政教研。我要通过教研活动使园领导班子清楚本学期园本教研主题确定的路径，避免主观、盲目、盲从地寻找教研问题的行为。行政教研由园长亲自主持。

教研从整理教师的教研需求开始。保教主任将一张张纸条从问题板上取下来并读着教师提出的问题。很快我发现教师对问题的表述很多都是对现象进行的描述，而不是对问题本质的描述。例如，刚参加工作不久的小王老师提出："为什么小班孩子总是听不懂话？"其原因是教师不能运用幼儿的语言进行对话。张老师提出："幼儿在区域游戏时总是找我解决问题怎么办？"这是教师包办、代替解决问题造成的，等等。于是我提出建议："对于教师描述的问题，我们先分析背后的原因，将现象背后的本质问题阐述出来，然后再对问题进行归类。"就这样，我们将27位教师提出的34个问题进行了分析归类。

完成第一项工作后，领导班子成员根据平时的工作记录，提出自己发现的问题。这时我发现有的领导描述问题时不能阐述问题实质。例如，王老师说他发现进餐时有的教师用规定孩子吃饭顺序的方式纠正幼儿挑食现象，其背后的原因是常规制定不合理。于是我提出自己的建议：每位领导不但要描述问题，还要将问题背后的原因分析出来，让大家共同判断分析的合理性。在此基础上，园长对各位领导提出的问题进行了归类整理。

在完成第二项工作后，园长拿出上级部门考核后反馈给幼儿园的质量评估报告，将不足和建议进行了分类，并对相关内容进行了说明。

在这三项工作都完成了以后，我们将教师提出的问题、园领导发现的问题、上级部门反馈的问题进行了梳理。经过归纳梳理，我们发现很多问题反映师幼互动的质量比较低，而师幼互动的质量又直接制约幼儿的发展。在达成共识后，大家又一起讨论如何提高师幼互动质量。

这次行政教研花了整整一下午的时间。我是一个参与者，更是一个提建议者，在不知不觉中将园本教研主题产生的过程在领导面前进行了一次实地演练，使大家感到了行政教研带来的真实变化，也为有效地开展园本教研奠定了良好的基础。

（二）对教师的指导策略

教研员在某种意义上说是教师专业的引领者，要具备正确的教育理念，掌握准确的教育理论和有效的教育管理方法，能对教师的教学行为进行有效的指导。这也是教研员的核心职责。教研员对教师的指导是多方面的，在这里我们主要讲深入班级的指导工作。教研员进入班级，主要通过听课、评课活动，提高教师的教育教学水平，促进幼儿园课程改革的不断深入。

1. 对文案的指导策略

关于教师文案的书写方式，每个区县或幼儿园都有自己的要求，并没有统一的模式。但文案要起到应有的作用，必要的结构、要素应该齐全。幼儿园可以参考北京市出台的《幼儿园计划管理实用手册》《北京市幼儿园半日评优标准》《北京市幼儿园优秀教育活动评价标准》及相关的文件。教研员在指导教师文案时可根据幼儿园、教师的需求，提供文案的模板供教师参考，也可以根据幼儿园、教师的需求进行个别指导。

（1）模板式指导策略

模板式指导策略是指教研员为教师提供项目比较齐全、书写比较规范的样张，然后教师模仿撰写文案，如半日活动计划、观察记录等。这种指导策略比较适合职初期的青年教师，保证他们文案书写的基本规范性，帮助他们完成基本的教育教学任务。

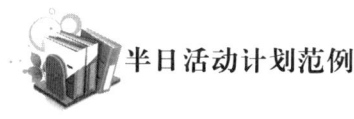

半日活动计划范例

大班半日活动计划

北京市房山区房山幼儿园　李艳辉

一、幼儿情况分析

本班共有30名幼儿，其中男孩14名，女孩16名。升入大班后，幼儿已经有了认识自己、表现自己的愿望，喜欢与同伴一起讲述感兴趣的话题，如"我喜欢的人""我爱做的事情""我会做的事情"。在相互交往中，幼儿的合作意识增强了，他们会选择自己喜欢的玩伴，也能与三五个小朋友一起开展合作性游戏，但在活动中还缺乏遇到问题主动想办法解决的能力以及表达表现能力。

二、半日活动思路

以《3—6岁儿童学习与发展指南》中大班幼儿的年龄特点和发展目标为依据，以活动化共同学习的思路为半日活动组织的主要线索，挖掘各环节中的教育契机，培养幼儿大胆表达、主动交往、积极探索、自主发现问题并解决问题的能力，帮助幼儿树立自信心，营造轻松自主、有利于共同学习的教育环境，提供幼儿相互学习和为他人服务的机会，使幼儿获得成功的情绪体验和合作交往的快乐感受。

三、半日活动总目标

①活动时能与同伴分工合作，遇到困难能想办法解决。

②愿意与他人讨论问题，敢于大胆表达自己的想法。

③喜欢动手操作尝试、积极探索，从中发现乐趣。

④积极参与艺术活动，愿意和别人分享交流自己的作品。

⑤在游戏中增强向同伴学习的意识，体验与同伴游戏的快乐。

四、活动安排

(一) 生活环节

1. 目标

①能根据天气情况知道冷热，主动增减衣服。

②能根据自己的需要，主动安排加餐时间并进行记录。

③能饮用足量白开水，养成主动饮水的好习惯。

④会与同伴协商并进行简单分工，合作完成值日生工作。

2. 指导重点

①教师提示幼儿根据冷热增减衣服。

②教师关注幼儿的自主加餐时间及加餐记录。

③教师重点关注个别不喜欢喝水的幼儿，鼓励其喝足水。

(二) 区域游戏（重点区域）

1. 芭比之家

(1) 目标

①能和好朋友一起游戏，愿意与大家分享高兴的事情。

②能与同伴分工合作，遇到困难能一起想办法解决。

(2) 投放材料

娃娃、柜子、床、椅子、厨具等。

(3) 指导重点

①教师指导幼儿能结合自己真实的家来装饰班里的家，如制作装饰相框等。

②教师指导幼儿能够动脑筋想办法解决在游戏过程中遇到的问题。

2. 科学区

(1) 目标

①在操作探索活动中，发现灯泡发亮、电路和金属材料的导电现象。

②探索中能主动与他人合作、交流，体验成功的快乐。

(2) 投放材料

灯泡、电线、电池、自制玩具、胶带等。

(3) 指导重点

①教师鼓励幼儿能够积极想办法尝试让灯泡亮起来。

②教师鼓励幼儿遇到困难时能够想办法解决。

3. 表演区

(1) 目标

①能够自主选择内容进行表演,体验与同伴合作游戏的快乐。

②能用律动或简单的舞蹈动作大胆表现自己的情绪情感。

(2) 投放材料

自制服装、头饰、乐器、录音机、话筒等。

(3) 指导重点

①教师指导幼儿根据兰花的形状特征创编各种动作。

②教师指导幼儿与同伴合作进行表演,体验合作游戏的快乐。

(三) 集体教育活动

1. 活动名称

挑战迷宫。

2. 活动由来

这是一节主题教育活动。幼儿近期喜欢上了迷宫游戏,他们自己画迷宫,用各种材料在活动室里拼摆迷宫。随着幼儿能力的发展,他们不再满足于看看迷宫书,而是有了更多想法,想在户外设计一个大的真迷宫。为了给幼儿提供创造、体验、大胆表现的机会,让幼儿在具体的活动中体会创造的乐趣及相互配合带来的成就感,我班设计了本次活动。

3. 活动目标

①萌发探究迷宫的兴趣,尝试使用不同材料设计迷宫。

②能与同伴一起游戏,尝试分工合作,遇到困难共同想办法克服。

4. 活动准备

有关迷宫的图片、幼儿的设计图纸、纸箱、纸板、木头、纸筒、桌子、椅子等材料。

5. 活动过程

(1) 开始部分

引导语:前几天,小朋友们自己设计了迷宫图纸,想在院子里搭建真的迷宫,谁来说说要想搭建成功,需要在迷宫里布置什么?

(幼儿回答略)

教师小结:要有起点、终点、障碍等。

（2）基本部分

引导语：接下来请小朋友们到院子里分组搭建自己喜欢的迷宫。

第一步：幼儿分组搭建迷宫。

第二步：与其他组小朋友交换玩迷宫。

（3）结束部分

师幼集体分享搭建经验及想法。

（四）户外活动

1. 集体操

武术操：教师指导幼儿做操时有力度，精神饱满。

圈操：教师关注幼儿动作的准确性、节奏感，以及和同伴的队形变换，确保体现韵律美和队形变化。

2. 分散游戏

说明：以"自由精灵"为主题开展活动，为幼儿创设丰富的户外环境，最大限度地支持和满足幼儿的需要，促进幼儿身体协调发展，使幼儿养成不怕困难、勇于探究、勇于挑战和善于合作等品质。

游戏目标：

①通过自主尝试、探索、体验，提高身体动作的协调性、灵活性和平衡性。

②感受与同伴共同游戏的快乐，体验成就感。

材料准备：油桶、木棍、木板、梯子、跷跷板、拱形门、小推车、铁锹等。

指导重点：

①教师鼓励幼儿在游戏中动脑筋探索材料的多种玩法。

②教师鼓励幼儿要有敢于挑战的精神。

观察记录范例

编织的男孩

北京市门头沟区第一幼儿园 周丽娜

观察时间：2015年10月15日8:35—8:50。

观察地点：益智区的编织区。

观察对象：孙博文。

观察目的：了解幼儿编织的兴趣、方式以及使用工具情况。

观察记录：老师巡视区域活动时，看到你来到了益智区，选择了织布机。我记得这是昨天相博织过的作品。你拿起粉色的线比画着、测试着，接着你专注而认真地织起来。你是按照相博编织的方法进行的，你的每一步都是按照规律来完成的。旁边的诚诚被你吸引，拿着插接的玩具走到你的身边，但你丝毫没有发现他的存在，可见你是多么专心。

在一行快到头的时候，线头有些短了，这时你发现了筐里的钩针。于是你的右手拿钩针，两只手配合着勾织。你的动作不如之前用手时那么娴熟，但是你还是坚持使用钩针，很快你找到了方法。

锁好线头以后，你兴奋地把编织好的作品举起来欣赏。接着你又拿起一根线，用手和工具配合着、编织着……

分析：你进入区域后选择材料比较果断，说明此时你是一个目的明确的孩

子；拿到别人的编织作品继续编织时，你用线对比后马上找到了编织的规律并按照规律编织，说明你是一个善于观察的孩子；当线头短了时，你第一次使用钩针。老师看到了你的动作从生疏到娴熟的过程。在整个编织过程中，你表现出专注、认真、不受干扰等良好的品质。

措施：老师会在区域中投放更多的不同花纹的样张，吸引孩子进行更有难度的挑战；除了钩针以外，老师会增加夹子、镊子等工具，使孩子在编织中学会使用更多的工具；老师会使编织作品主题更加广泛、更具实用性，如杯子垫、零钱包，让孩子感受自己作品的使用价值。

（2）面谈式指导策略

面谈式指的是面对面、一对一的指导方式。教研员针对教师文案进行面对面的指导，有时是为了提高教师撰写文案的水平，有时也是为了收集文案的成果，更多时候会与展示、交流活动有关。文案指导的要点如下：一是形式，如基本要素、基本结构；二是内容撰写的核心要素；三是教师的儿童观、教育观、课程观。

经验分享

三选一怎么选

北京市门头沟区教师进修学校　刘　洁

业务园长给我发过来三份教案，同时附上一句话："刘老师，这是李老师展示活动的教案，请您帮忙挑选一下哪个活动更合适。"

我将三份教案一一打开，仔细看着。从文本撰写的角度我可以对三份教案进行修改或提出建议，但脱离了教师，脱离了孩子，我似乎并没有多少底气。孩子的已有经验是什么？兴趣点在哪里？教师的教育意图是什么？很多我想了解的信息在文本中并没有体现。

我带着三份教案来到幼儿园，来到李老师身边。我将三份教案依次摆在桌子上："合作搭建""遵守规则""结交朋友"。我说："我看到三份教案都是社会领域的活动，想听听你选择这些内容的理由。"

李老师说了如下理由：社会领域中的合作能力、交往能力、遵守规则等都是为幼儿入学做准备的重要内容。"合作搭建""遵守规则""结交朋友"分别指向了社会领域中的这三方面。我问："孩子刚升入大班不久时，你认为教育重点是什么？"李老师想了想："中班对孩子进行的是有规则的培养教育，但大班对规则的要求增多了，也提高了，所以重点应该是培养孩子的规则意识。"接着，我们又谈到了班上的主题活动、幼儿的已有经验，等等。最后基于孩子和授课教师，我们确定展示活动的内容为"遵守规则"，以生活中的事例作为突破口，通过孩子认识规则，理解规则的制约性、规则的变通性、规则的坚守与变通几个层次来组织遵守规则的活动，使孩子体会到规则是为了保护所有人的安全，保证所有人能够有秩序地生活。

教研员对教师的文案指导，不能就文案说文案、就写作说写作。对孩子的发展需要、已有经验，对教育的需要、教师教学意图的了解，是教研员指导教师文案的前提。脱离具体教育实践的文案指导是违反教育规律的。

2. 对教育实践的指导策略

教研员面对教师进行实践指导是一项经常性的工作，这种方式对被指导的教师来说是非常有益的，也受到一线教师的欢迎。但由于教研员的数量有限，时间有限，得到这种指导机会的教师总是很少的一部分。为此，如何将教研员指导教师教育实践的效果最大化，是教研员在指导实践中需要不断思考的问题。

（1）"下水课"式指导策略

"下水课"是从"下水文"演变而来的，是指非教学一线的教师如教研员、园长等到班级组织幼儿开展教学、游戏等活动。随着教研工作重心的下移，教研员的角色也发生了转变。教研员除了组织协调教研工作外，更多地扮演着教师专业成长伙伴的角色。在这样的背景下，教研员适度到幼儿园"下水"组织活动，有利于教研能力的提高和教研效果的增强。

经验分享

我来试一试

北京市门头沟区教师进修学校　　刘　洁

《3—6岁儿童学习与发展指南》提出："幼儿绘画时，不宜提供范画，特别不应要求幼儿完全按照范画来画。"我们课题组的教师理论上认可这个观点，但在实际美术活动中却不知道如何做。教研员如何在转变教师观念的同时，给予教师更多的方式方法上的启示呢？

研究课由谁来承担呢？看到大家为难的样子，我也在思考：我可不可以为教师进行示范演示呢？在经过慎重思考以后，我宣布由我来上研究课，让大家把我当靶子进行研讨。经过积极准备，我连续进行了不同形式的无范例美术活动：游戏与美术结合"泡泡吹到哪儿去了"，引导幼儿观察泡泡的形状、大小、颜色以及想象泡泡飘到的地方，从而使幼儿画出五彩缤纷的泡泡世界；认知与美术结合"刘老师的大公鸡"，通过观察使幼儿对公鸡有初步的认知，通过讲公鸡的故事增进了幼儿对它的喜爱和了解，使幼儿用剪纸、泥工、绘画的形式表达出不同的公鸡形象；视频与美术的结合"多变的云彩"，将教师自己拍摄的云彩展示给幼儿，结合视频资料使幼儿了解云彩的五彩纷呈、多姿多彩，从而引导幼儿大胆地绘出不同的云彩。

我组织的活动不是完美的。大家提出了很多值得研究的问题，但我想教育不只是"注满一桶水"，而且是"点燃一把火"。这些不同形式的无范例美术活动，使课题组的教师看到了幼儿无限的潜力，增强了自己大胆实践的信心，这正是我进行研究课教学的意义。

（2）跟班式指导策略

跟班是指教研员随同幼儿的班级一起活动，其中教研员是班级活动的追随者、参与者。教研员跟班参与班级中的各项活动，会担任多种角色，如幼儿及教师的观察者、游戏的参与者、教学的观摩者、生活的体验者、环境的审视者等。教研员在跟班活动后，要对教师的教育现场进行全面、有针对性的分析和指导。

经验分享

从旁观者到参与者

北京市大兴区教师进修学校　薛　娟

对教研员来说，听评课是一项经常性的工作。开始我总是以旁观者的身份出现在教师的面前。为了不打扰教师和孩子的活动，我总是一边看，一边忙着记笔记。被看的教师也经常是比较紧张的。教研员采用什么样的指导方式引导教师会更加有效呢？带着这种思考，我尝试了和教师共同亲历教学过程的指导方式。

9月的一天，我们来到一所民办幼儿园视导。孩子们正在吃早餐。这时有一个小男孩在出声地哭，于是两位教师都去耐心地哄劝。可紧挨着小男孩的一个小女孩也在默默流着眼泪，不吃饭。过了一会儿，我看两位教师一直没有关注她，于是我走到小女孩的身边蹲下来轻轻地摸了一下她的手，发现她的小手很凉，便尝试着轻声对她说："这里是不是有些冷，你看娃娃家那里有阳光，我们去那儿吃饭好吗？"没想到孩子点头答应了，于是我们一起端着饭碗来到了娃娃家。这时一位教师走了过来，并帮孩子拿来了纸巾。见此情境我马上给教师了做了个手势，示意让孩子自己擦。这位教师很聪明，蹲下来轻声说："娇娇会自己擦眼泪和鼻涕。"娇娇真得自己用纸巾擦干了眼泪和鼻涕。于是我又摸着她的后背："娇娇，太阳晒到了你的后背，这里真的很暖和，我们吃饭吧。"听了我的话,她便拿起点心吃了起来。看着她我很欣慰。后来在和教师的交流中,我们达成了这样的共识:对于小班刚入园哭闹的孩子,教师可以尝试用注意力转移法满足他们的特殊需求,从而缓解他们的不适应。另外,教师还应注意观察身边的每一个孩子,最好不要所有的教师在同一时刻去关注同一个孩子,更不要形成"会哭的孩子有奶吃"的现象。其实默默流泪的娇娇与那个大声哭的孩子的心理需要是一样的。

在一次大班活动区活动中,我发现一个男孩很活跃——他总是换活动区。开始时他选了美工区装饰京剧脸谱,一会儿又去了建筑区,过了一会儿又去了表演区。教师说他总是这样。当我发现他再次回到美工区时,我便找到一把小椅子坐在了他的身边,有意地把他那张没画完的脸谱拿了起来:"这张脸谱的颜色配得真漂亮,可惜没有画完!我想向你们学习画一个漂亮的脸谱。"孩子们一下子就不把我当客人了,不时地说:"老师,我教你。"于是我拿起笔和孩子们一起画脸谱,想去影响他们一下。那个男孩站在我的身边,趴在桌子上,一直看着我画。我心想:他怎么还不画自己那个没画完的脸谱?不知不觉中我很投入地用各种颜色精心地装饰我的脸谱,不知什么时候那个男孩突然对我说了一句:"你怎么那么认真呀?"我边操作边说:"如果我不认真,不坚持,怎么能画出漂亮的脸谱呢!?"正在这时幼儿园响起了音乐,孩子们立即开始收拾活动区,只见他急切地对班上的王老师说:"这儿还没画完呢!"为了不影响集体活动,我和他约定做完操回来后我们各自完成自己的京剧脸谱。他高兴地答应了我的建议。教师看到我和那个男孩的活动后很惊奇,其实我自己也很惊奇,惊奇的是教师的有效指导不仅需要语言,也许更需要行动和精神,也就是说,我们应相信孩子们有读懂这些无声语言的能力。这时我和教师更加理解了身教重于言教的深刻内涵。

在和教师共同亲历教育实践的过程中,我解决的只是很微小的问题,但我能确认这样的指导是有效的。问题不在多,而在于解决的效果。这种方式促进了我和教师之间的情感沟通。很多教师经常给我打电话商讨教育实践中的问题,他们不把我当成教研员,而把我当成他们其中的一员了。

(3) 微教研式指导策略

微教研是一种教师因某一话题需要而及时发起的小型教研活动,具有即时性、随机性、广泛性等特点。教研员深入班级指导教育实践时,很多时候也会带着其他教师一同参加。大家在发现带班教师优势的同时,可能也会发现许多问题。大家针对教育现场引发大家共鸣的问题,在思想碰撞中加以解决,我们认为这就是指导中的微教研。抓住核心问题加以解决,能起到立竿见影的效果。

经验分享

孩子"乖乖"的背后

北京市门头沟区教师进修学校　曹云梅

在园长的安排下，我和幼儿园的几位带班教师来到小一班。走到门口，没有听到孩子们的喧闹声，班上很安静，我有些奇怪。

进屋后我看到孩子们正在安静地看书、玩手头玩具。王老师有些严厉的眼神巡视着班上的每一个孩子。看到我和老师们进来，王老师立刻露出了笑脸。这时，王老师面对孩子说："请小朋友把手里的图书、玩具都收好，去小便、洗手，准备上课。"孩子们听话地收拾着自己手里的东西，井然有序地走出活动室去排队，一个个"乖乖"的，但少了点孩子应有的天真、快乐，让人有些心疼。孩子们怎么这么老实？我在心里打了一个大大的问号。

孩子们如厕后回到了活动室，蔫蔫地坐在椅子上，小手交叉扣在腿上，看着王老师。王老师开始组织集体教育活动"能干的小手"。她用猜谜语的形式导入，通过看、摸、猜，让孩子们了解小手的功能，感受小手的能干。尽管整个活动很顺畅，但孩子们乖巧的表现让我很不舒服。

在接下来的喝水环节中，孩子们在沉默中爆发了。因为今天幼儿园停水，孩子们带来了各自的水壶，这引发了他们的话题交流。一个孩子对另一个孩子说："我的是红的，你的是绿的，哈哈！""咱俩比比，我的小，你的大。"旁边的孩子也说起来："一个胖水壶，一个瘦水壶。"……孩子们相互看着水壶，高兴地说着、笑着，眼神里充满了好奇，活动室里有一些"乱"了。

这时王老师急匆匆地走进来，站在中间，大声说："还没有喝完的快点喝，自己喝自己的，一会儿咱们要到外面玩游戏了！"孩子们的讨论戛然停止，他们加快了喝水的速度，送水壶、回座位、起立、排队、户外活动……

孩子们的半日活动就这样"井然有序"地结束了。我和老师们一起来到会议室。王老师走进会议室，微笑着对我说："曹老师，我刚从小学转岗过来，希望您多给我提提意见，以便我改进工作。"

王老师先对半日活动进行了反思，她说幼儿"常规好"，这再一次引发了我对今天活动的思考。借着王老师的反思，李老师提出了自己的看法："孩子们表面上挺听话的，但是不是太蔫了呀？"张老师也说："老师说什么，孩子们就做什么，有点怕老师。"王老师说："你不让他们怕你，那班上还不乱了套呀？"于是，我们针对什么是良好的师幼关系、良好的师幼关系的具体表现、教师应该如何营造良好的师幼关系展开了讨论。

接着我拿出了《北京市幼儿园教育活动评选标准》，将有关"师幼关系"方面的要求与大家进行分享："具有尊重、接纳、关爱的精神氛围""体现幼儿的意愿、想法和创造"……有位教师说："这么多呀！"我说："师幼关系方面的内容这么多，说明了什么呢？""说明师幼关系在幼儿园教育中很重要！""那我们说一说，今天的半日活动中教师怎样说、怎样做就可以使孩子们感到愉快、安定、温暖，从而体现良好的师幼关系？""教师可以多一点笑容。""教师的声音可以小一点。""教师可以多给孩子一点爱抚。"……大家你一言我一语地讨论起来。

（4）亮点优先式指导策略

亮点比喻有光彩且引人注目的人或事物。"亮点优先"是指教研员在跟随教师的教育实践以后，在与教师交流反馈的环节中，首先提出教师组织活动中最闪亮的地方进行真诚和由衷的肯定，使教师感受到辛勤的付出得到了认可，从而产生积极的情绪体验，以一种愉悦、轻松的状态进入与教研员及听课教师的交流反馈。

经验分享

我们都非常钦佩陈老师

北京市门头沟区教师进修学校　刘　洁

在教研员进班参与教师的半日实践后，教师紧张的心情无法放松下来，因为接下来的交流反馈同样考验着每一位教师的专业素养。怎样让教师放松心情进入交流反馈环节呢？在房山幼儿园的几位听课教师与做课小班陈老师的交流就做到了这一点，她们采取亮点优先的方式与教师交流。

沈老师独到的眼光捕捉到教师教育实践中的精彩之处，她以欣赏的口吻说出了交流反馈的开场白："今天我们几位听课教师都非常钦佩陈老师。两点令我们很感动：第一是陈老师勇敢地承担了这个任务，临时上阵，没有太多的准备，真是不简单！第二是陈老师带的是小班，她班上的孩子刚刚来园两个月。这是我们看到的第一个小班活动，不容易！"

接着，刘老师结合现场情境，进一步用具体的亮点强化活动的精彩环节，将教师的优势突出出来，与教师产生心灵的共鸣，以强化教师正确的教育观点和教育行为。刘老师说："看了半日活动，又听了你的反思，我开始思考。在半日活动中，我非常关注你和孩子之间的互动过程。刚才你说发现孩子搭轮胎，搭到特别高时你就介入了，这体现了你观察幼儿的基本功。教师什么时候介入和用什么方式介入，考虑的是支持孩子实现自己游戏的愿望。我们都被孩子的游戏现场所感动，因为自主、勇敢、不怕挑战、克服困难，对于小班孩子来说非常不容易。请你想一想，在教师提供什么样的环境条件后，孩子才会呈现这种游戏的状况呢？或者说孩子产生这种游戏行为的原因是什么？"

由于从教师组织活动中的精彩环节入手进行交流，陈老师很快被带入现场思考之中，从而放松下来，开始了轻松的对话。

陈老师说："小班孩子刚来园两个月，早晨还有三四个孩子在哭呢！我们就尽量用多种手段安抚他们，像妈妈一样拉近与孩子的距离，跟孩子建立良好的关系，让孩子喜欢自己，所以孩子到吃早饭的时候就没事了。我们平常利用各种室内外游戏，创设一些情境，跟孩子一起玩，像妈妈带领着孩子一样。"接着她又说："我们多提供低结构的材料，让孩子不受约束、不受限制地玩，有助于孩子发展想象力，发展创新能力。另外，我们在保证安全的情况下尽量放手让孩子去操作。孩子玩轮胎时我之所以介入，是因为我要鼓励、支持孩子，没有限制孩子，放手让孩子大胆地去玩。"

接下来，我们就区域活动介入前如何观察、观察后如何选择指导的时机、什么情况需要介入或者不介入、如何进行活动调整等问题进行了深入的交流、反馈、研讨。亮点优先的交流反馈方式，使整个过程轻松而热烈，就像朋友间的对话。

第二节 服务的内容及方式

服务就是本着真诚的态度，为别人着想，为别人提供方便或帮助。服务是教研室也是教研员的职能所在。广义的服务是与研究与指导联系在一起的，指教研员站在幼儿园、教师的角度，本着真诚的态度，为他们提供学前教育专业业务方面的支持。而这一章提出的服务是狭义的，主要是指教研员提供专业咨询、提供资源信息、提供展示舞台等。教研员业务能力的专业性是服务的前提和基本保证。

一、服务的内容

狭义的服务主要是指教研员提供专业咨询、资源信息和展示舞台等，如信息资源共享、先进的经验推广与辐射、为幼儿园展示搭建平台等，为幼儿园和教师的发展提供智力上的支持。

（一）提供专业咨询

教研员提供专业咨询是对幼儿园的业务领导、教师的专业需求的回应，如对关于幼儿园园本教研、教师专业发展、幼儿发展与评价方案、幼儿园课程设置等的回应，这些回应包含幼儿园业务管理与实践的方方面面。

> 经验分享

您给我一个建议

北京市门头沟区教师进修学校　刘　洁

睡觉以前,看一眼手机的微信与QQ已经成为人们的一种习惯,因为人们不知道谁会在手机的另一头等着。"刘老师,幼儿园溶解的教研活动怎么组织呀?我想让您给我一个建议。"一位教研组长通过手机问我。我知道她期待着答案。我反问:"你想解决什么问题?"她很快回复过来:"我就是想通过教师操作溶解的实验,总结出哪些材料适合幼儿。""哦,我建议让教师当幼儿,让教师通过体验说出自己的感受,筛选出适合幼儿操作的材料,引导教师知道材料预操作的重要性,梳理提升教师准备操作材料的经验。"

"刘老师,本学期我刚刚接手我们园的业务工作,现在遇到了棘手的问题,想请教您。我们园的教研计划已经实施到精细化的过渡环节。可是我查不到过渡环节的确切定义。"一位刚刚上任的业务园长发出了她的诉求。我知道她很需要我的支持。"什么是过渡环节?精细化指的是什么?为什么过渡环节要精细化?是幼儿的发展需要还是教师的管理需要?你把这些问题想清楚了再开始进行教研活动。"看到她没有回应,我想她大概已经睡了吧,于是我又敲了一行字:"我发给你一篇文章,你先看看。"我将《班级常规你做对了吗?》发了过去。一会儿,业务园长又发过来一条消息:"噢,我想明白了,谢谢刘老师!"原来她没有睡,她在等待我的回音。

又是劳累的一周,好不容易盼到周末,我要早点休息了。这时,电话不甘寂寞地发出了"嘟嘟嘟"的声音。我拿起电话,那边传过来清脆的声音:"刘老师,我周一要上观摩课,请您帮我看看教案。"我好想说:"明天好吗?"但我知道一名青年教师打电话之前的期盼。于是,我将已经关上的电脑重新打开……

教研员有时只是一名普通的教师,有时又是一名不普通的教师。很多时候我们给园所、教师提供的专业支持,可能就是他们专业辨别的标准。所以,我们既要认真又要谨慎地对待每一次看到或听到的"您给我一个建议"。

(二) 提供资源信息

服务的另一种方式是为幼儿园提供专业的资源信息,如教育教学光盘、优质图书、玩具等。

经验分享

筛选后的转发

北京市门头沟区教师进修学校　刘　洁

一次活动前，我听到几位园长在聊天，只听王园长说："过去没有经费发愁，现在培训经费多了也发愁。"陈园长说："现在培训项目这么多，我们都不知道怎么选择了。"李园长说："就是嘛！有的培训内容挺好的，结果教师回来说没什么收获。"园长们议论的教师培训问题，也正是我关心的问题，于是我也凑上前去。

看到我过来，陈园长对我说："刘老师，咱们工作群里发那么多培训通知，但我们不知道如何选择，一是因为我们不了解培训机构的专业性，二是因为我们不能判断讲课教师的水平呀。"李园长说："刘老师，我们相信你的专业水平。你能不能帮我们做一下培训推荐呀？"

园长的谈话引起了我的思考。每学期各种培训通知像雪片一样。各个部门接到通知后都会把通知直接转发到工作群里。园长们看到有需求的培训，克服人员短缺的困难，也要把教师派出去学习，希望通过培训使教师在专业上有所提升。然而，为了培训而培训、为了经费而培训、培训效果差等现象确实存在。如何让园长、教师在付出经费和时间后得到更多的收获？为园所、教师提供专业的服务是我们教研员的职责。我们不能只做信息的传递者，还要做信息的筛选者，将最有价值的培训推荐给教师，为教师外出培训把好质量关。

于是我将以往的培训通知从培训机构的培训通知、培训内容、培训方式、培训时间、培训地点、培训经费等方面进行了梳理，又对参加过培训的教师进行了调研，从一线被培训者口中直接了解每一个培训班的实际情况。就这样，我对发通知的培训机构有了初步的认识和了解。

从此以后，对于教师反映不好的培训机构的培训通知，我不再进行转发；对于教师反映比较好的，在对培训内容、培训质量进行筛选之后，我再转发给园所、教师。这项工作得到了大家的认可。

信息甄别与筛选工作确实给我们增加了一些工作负担，但我们的麻烦会减轻许多教师的负担，这也正是我们教研员存在价值的体现吧！

（三）提供展示舞台

这里指帮助幼儿园梳理、总结经验，为幼儿园的先进实践、特色教育等提供推广、辐射的展示平台。

二、服务的方式

教研员服务的方式可以是主动提供型，也可以是积极回应型。

（一）提供专业咨询的主要方式

教研员为幼儿园提供专业咨询没有固定的方式，只要达到促进教师专业发展和园所质量提升的目的即可。

1. 组织专业沙龙

组织专业沙龙是为了提供平台、提供机会。沙龙可以有主题，也可以没有固定的主题；需要发起者，不需要特定的主持。

组织专业沙龙的程序如下：

①发布沙龙时间、地点；

②沙龙活动准备；

③接待；

④汇集信息。

2. 网上服务

随着社会与经济的发展，人们的生活水平发展到了新的阶段。进入21世纪以来，互联网迅速发展，网上服务以迅雷不及掩耳之势深入我们生活的方方面面，给我们带来了快捷、方便的生活模式。我们通过互联网实现了网上发布信息、网上教研、网上培训等。

经验分享

开启零距离教研模式

北京市门头沟区教师进修学校　刘　洁

经常有教师向我表示因事而没能参加教研活动的遗憾，同时我也能理解幼儿园教师工作繁忙、路途遥远的现实问题。互联网时代为我们开启零距离教研模式提供了方便和可能性，于是我决定尝试在微信群中建立网络教研模式。

我在工作室群中发出了这样的信息："我们将在微信群中开展线上互动研讨，这种模式可以对有限的时间进行无限的延伸。大家可以自由选择参加的时间，自由选择学习的内容，自由表达自己的想法，让自主学习变为可能。我希望我们的群成为大家专业成长、工作提升的助力平台。"接着，我看到了工作室群中欢迎的小手在舞动。

这一天，我们工作室与工作坊联合到恩济幼儿园开展活动。两个团队的人员来自四面八方，正是我利用网络教研模式的好机会，于是我利用工作室群，开展了第一次活动后的交流研讨活动。

我在群中发出研讨邀请："观摩恩济幼儿园后你感受最深的是什么？请你将满意的瞬间拍成照片与大家共享。"群中陆陆续续出现了大家的发言。

"我感受最深的是关于园所两支队伍的建设，领导、教师的工作热情非常高。园长将教育的理解有自己的想法，能够在园所环境和课程中很好地体现出来。业务园长将幼儿园的活动介绍得非常清楚，可以看出她经常深入孩子的活动。我感觉自己真要加强学习和思考了。"

"我感受最深的是幼儿园环境中孩子的主体性。无论照片还是作品都体现出该园的童心世界的理念。"

"我感觉幼儿园管理很规范，幼儿园大环境也很温馨，有家的感觉。我印象最深的是幼儿园主题活动。我能从环境中看出孩子们目前正在进行的活动是什么。每个角落都体现出教师很用心。孩子们很有礼貌，主动问好，很热情地介绍自己的活动。"

"通过参加童心家园活动，我感受到孩子的自信与大胆。我记得当时有一位参观的教师由于照相，就走到孩子建筑城的垫子上面了。孩子敢于表达，提示教师上垫子要脱鞋。授课教师们也很大气和自信。当时大班的一位教师在观察孩子玩科学区的玩具，边观察边记录，这时有教师提出要看看这位大班教师记了什么，这位大班教师当即就拿过来给我们看！这体现了教师的专业自信和大气。也正是有了这样的教师，孩子们才能够自信、大胆。"

"这次学习令我感触最深的是园长介绍他的管理经验时，用讲故事的方式引导教师发展，这个策略真的很好，让我增长了见识。此外，幼儿园的整体设计温馨，给人家的感觉！"

就这样，大家你一言，我一语，成功开始了我们第一次网络教研活动。

3. 深度交谈

深度交谈，既可以一对一，也可以多对多，但一定是个性化、专属化的，其目的在于针对园所、教师发展中的优势、问题、发展方向进行深入的对话，如为幼儿园争创示范园的方向"把脉"，对教师特色工作进行梳理等。

（二）提供资源信息的主要方式

随着幼儿园数量的快速增加、质量的不断提升，资源信息成为学前教育的宝贵财富。幼儿园信息共享的需求也日益增强。

盘活学前教育信息资源，进行跨部门、跨行业的信息资源共享，满足幼儿园和教师的各种发展需求，是教研员提供服务的重要内容。学前教育信息资源管理、整合、开发、发布等，需要教研员不断研究、思考。

1. 提供专项培训与信息

教研员可以根据幼儿园和教师的需求，提供不同形式的专业培训，也可以提供、推荐专业培训的信息。

经验分享

什么培训我们都需要

北京市门头沟区大峪第二小学附属幼儿园　孟庆鸿

因工作需要,我从一所管理、师资都比较成熟的幼儿园调到了一所新成立的小学附属幼儿园。面对种种新环境、新问题,我想从教师培训做起,对教师进行"扫盲式"培训。

这一天,我约到教研室的刘老师(我的师傅),想就幼儿园教师培训问题与她进行交流。我开门见山:"刘老师,您来给我们做一次培训吧?"她笑笑说:"做什么培训呀?""我们园刚开,园里除了新教师就是转岗的教师。您讲什么都行,什么培训我们都需要。"刘老师却说:"那可不行,你连培训什么内容都说不出来,我怎么做培训呀?"说句心里话,我们真是什么培训都需要。她见我一时说不出来,于是就说:"那你说一说,你进班看到了什么,感受到了什么吧。"

我说:"在建构游戏时,孩子们玩得很投入,几乎就不需要教师指导。可我看到教师过去就问:'这是高楼呀?再高一点就好了。'唉!教师都不知道这干扰到孩子了。"接着我又说:"集体教学活动中,在教师讲图片时,孩子们都没有听,可是教师就自顾自地讲……"我一股脑地将进班看到的情境、自己的感受滔滔不绝地述说着。刘老师静静地听着,时不时地询问一下我表述不清的地方。终于找到一位倾听者"倒倒苦水",我有点一吐为快的感觉。

刘老师耐心听完我的介绍之后,说:"你着急的心情我能理解,但急是没有用的。我先梳理一下你介绍的情况。"我焦急地等待着,希望刘老师能给我支个好招。等了一会儿,刘老师说:"从你介绍的情况和我对你们幼儿园师资的了解来看,教师培训可以从幼儿教师专业标准的维度来思考。"我说:"幼儿园教师专业标准的内容太多了,让我不知道从哪儿抓起。"刘老师说:"别着急,我们慢慢分析。在专业理念与师德方面,我们首先要解决的是教师对职业的理解与认识问题。如果教师不认同自己从事的职业,即使有了专业知识、专业能力,也不能把工作做好。"我认同地点点头。接着她又说:"在专业知识方面,幼儿发展方面的知识是首位的,因为教师如果不了解幼儿发展的特点和规律,就会把幼儿的特点当缺点加以纠正,那样教师和幼儿都是痛苦的。"她等了一下我的思绪,接着又说:"在专业能力方面,一日生活的组织和保育是很重要的。因为幼儿年龄比较小,所以保育工作十分重要,关系到幼儿的安全和身体健康。"刘老师担心我理解有误,补充说:"当然,其他知识和能力不是不重要，是要有轻重缓急。你可以按需要的程度把它们排排队，再把每一项内容分成若干单元开展培训。"

听了刘老师对我们园教师培训工作的分析，我清晰了很多。我高兴地说："师傅，我回去做一下培训计划。第一课的任务就是您的啦！"

2. 网络服务

网站、QQ群、微信群等，可以为幼儿园和教师提供不间断的信息服务，也可以对幼儿园和教师的需求进行及时的专业回应。

（三）提供展示舞台的主要方式

随着幼儿课程改革的不断深入，幼儿园积累了丰厚的研究成果，一批骨干教师的教学风格也初步形成。展示既为幼儿园、教师搭设了舞台，也为更多的幼儿园、教师提供了学习榜样的机会。

1. 组织现场会

这是指以某一所幼儿园作为现场，全方位地展示其办园思想、办园理念、教育实践等，立体呈现幼儿园的风貌，如××办学思想现场会、贯彻《3—6岁儿童学习与发展指南》现场会。

经验分享

现场会传递的信息

北京市门头沟区三家店小学附属幼儿园　李晓棠

"新九年"教育背景下的幼小衔接研究项目现场会在育园小学附属幼儿园如期举行。北京市教委学前教育领导、北京师范大学教育学部学前教育研究所领导出席了本次活动，可见这件事情有多么重要。作为一名参会教师，我期待在现场会中获得更多的信息和启示。

我和大家一起观摩了谭帅老师组织的大班教育活动"我要上学了"。该教育活动充分展现出"新九年"概念下理念、课程、环境等方面的衔接内容和效果。我被小学教师与幼儿园教师同时出现在教学中的设计所吸引，为孩子们对小学生活的向往所感动，更为孩子们所做的入学准备所折服。

小学的侯校长以"幼小办学一体化，协同发展探新路"跟与会人员进行了交流。我从中了解到"新九年"的概念是指从幼儿园到小学的一贯制，将学前教育和小学教育作为一个整体进行谋划、设计和管理。核心环节是幼小衔接，从理念衔接、时空环境衔接、课程衔接、队伍衔接、管理与评价衔接等多个方面进行探索，遵从孩子的发展规律，使孩子健康、快乐、有序地发展。为实现学前教育让孩子"玩"起来，让衔接小学"慢"下来，"新九年"的模式充分发挥小学的办学优势，探索幼小衔接的有效方式，在理念、师资、教材、课程等方面都实现了无缝连接，弱化了幼儿园小学化倾向。

北京师范大学的教授给予了专业指导，他介绍的国内外幼小衔接研究的经验为我打开了一扇窗，使我真切明白了要把握好从幼儿园到小学三年级的关键衔接期；要在着眼于孩子的全面、平衡发展的基础上重点关注孩子的情感和社会性发展；要把握孩子游戏与学习的平衡性；要建立教师与孩子之间的融洽关系。

我懵懵懂懂地进入育园小学附属幼儿园，却清清楚楚地走出来。现场会给了我关于"新九年"的思想、理念、实践方面的立体信息，让我知道未来的"新九年"还有许多工作等着我们落地生根。

2. 组织交流会

交流会是指以一个群体作为交流主体，请群体中的优秀教师或有特色的教师围绕一个主题进行经验分享与交流，达到相互启发、相互学习的目的。

3. 组织观摩活动

观摩的目的在于相互学习、相互交流、相互研究、相互切磋，所以观摩的主题可以是教师关心的某一项内容，也可以是教师模糊不清的某个概念，从而起到互促互进的作用。

经验分享

体育游戏情境化带给我的思考[①]

北京市门头沟区东辛房小学附属幼儿园　程艳妮

参加观摩活动后，我对幼儿体育游戏情境化有了进一步的认识。我看到教师为了激发幼儿参与体育活动的兴趣，引导幼儿体会游戏带来的快乐，提升幼儿体育锻炼的效果，通过情境导入，引导幼儿在情境中展开游戏，最后在情境中结束活动。在这个过程中，教师将幼儿的情绪情感、日常生活的经验、体育活动的目标融为一体，达到了锻炼身体、提高技能的目的。

今天我看到的是大班"小小侦察兵"的情境游戏。为了发展幼儿身体的协调性和平衡能力，让他们体验合作的重要与快乐，教师提出了两个"侦察兵"合作使用两个轮胎过河不能掉进水里的要求。

第一次游戏时，幼儿迅速地找好了朋友。他们互相协作，用搂抱、转身、转动轮胎等多种方式尝试过河。由于轮胎比较重且幼儿站在轮胎上的面积比较小，幼儿纷纷掉进河里。

---

① 本文中的鳄鱼、河均为道具。

第二次游戏时，为了增加活动的趣味，使幼儿过河时更谨慎，教师将两条塑料鳄鱼放到河里，说："这次小侦察兵要小心，可不能掉进河里，掉进河里会被鳄鱼吃了。"有的幼儿假装做出害怕的表情，他们的活动积极性又掀起了一个高潮。

只见壮壮从第一个轮胎一步跳到第二个轮胎上，全然不顾还没有上轮胎的伙伴肖遥。壮壮站在轮胎上晃动着双手，假装要掉下去并看着鳄鱼，只见鳄鱼一动不动地在他踩着的轮胎边上"趴着"。壮壮一伸手揪起鳄鱼的尾巴，将鳄鱼拿了起来。在另一组轮胎上的丁丁喊着："老师！壮壮拿鳄鱼。"壮壮听到有人告状，赶快把鳄鱼扔到河里，然后快步跑到河对岸。他站在河对岸感觉不对劲儿，又快步跑回了轮胎上，正好和刚刚上轮胎的肖遥撞在一起，两人一起掉到了河里。壮壮快步走上轮胎，弯腰拿起鳄鱼，一使劲将鳄鱼甩到了河对岸，又快步跑到河对岸将鳄鱼捡起来。这时丁丁又喊起来："老师！壮壮拿鳄鱼。"壮壮一边嘻嘻笑着，一边跑上轮胎将鳄鱼摔在河里。看到鳄鱼摔在河里跳了一下，壮壮、肖遥、丁丁三个人都开心地笑了。

这时教师说了一句："有的小侦察兵已经过河了！"壮壮和肖遥赶快去挪动轮胎。只见壮壮一手提着一个轮胎，一手搂着肖遥的脖子，沿着另一个轮胎的边缘挪动着脚步，接着一使劲将轮胎向河岸的方向扔出去。由于用劲过猛，两个人又一次从轮胎上掉下去，扔出的轮胎压在了鳄鱼上。壮壮一骨碌从地上爬起来，一下将鳄鱼从轮胎下面揪出来并跑到河岸。接着壮壮拿着鳄鱼的尾巴抡着圆圈。肖遥见状也跑过来抢鳄鱼。这时，丁丁已经到了河岸，他再一次大声地喊："老师！壮壮拿鳄鱼。"

壮壮听到丁丁的喊声，用劲将鳄鱼扔进河里，然后和肖遥跑到河里，一人拿了一个轮胎推着跑了。

创设游戏情境开展体育活动是一种行之有效的教学方式，被广大教师普遍认可和使用。大班幼儿已经积累了一定的生活经验，其认知能力也有了很大程度的提高，他们已经能够分清楚"真的"和"假的"以及"想象的"和"真实的"。

在"侦察兵"过河的游戏中，壮壮多次拿起鳄鱼，甚至揪着它的尾巴转圈，显然知道鳄鱼是假的，不会对自己造成威胁。但他在"拿""摔""揪""转"鳄鱼的过程中，又有战胜鳄鱼的快感，体会着"假装"带来的快乐。壮壮在活动的过程中，不断实现着游戏与现实的转化，他不断调整"自己"和"角色"之间的关系，迅速地完成自己和角色的转化，瞬间沉浸在角色之中，又转眼从角色中走出做回自己，这正是大班幼儿区别于其他年龄班幼儿的特点。

体育游戏情境化给我的启示是教师要实现以景激情、以景锻炼的目的，还要根据年龄班的不同，创设出适合不同幼儿特点的游戏情境。

第四章　培养与跟进

当今和未来社会的竞争说到底是人才的竞争。幼儿园教育是基础教育的基础，它肩负着为未来人才奠基的重任。幼儿教师作为人迈向社会这个大学校的第一任正式教师对幼儿的发展具有深远影响，这一点正得到社会的广泛认同和国家的高度重视。教育其实是一种影响。教师爱的情怀、良好的师德、正确的教育理念、多元的知识结构、扎实而先进的教育技能等都会有意无意影响幼儿的身心发展和健康成长。因此，培养"有理想信念、有道德情操、有扎实学识、有仁爱之心"的教师尤为重要。然而，教师有不同的学历、专业背景、发展水平和速度，而且他们对新理念、知识技能的理解和把握有自身的特点。实践经验更需要日积月累，不可能很快地转化为教师自身的专业知识和能力。因此，对教师培养计划、措施的跟进是非常必要的。

培养包括培训，又不仅仅是培训。培养从树立新观念、增长专业知识和技能开始，但又不能止步于培训。显性知识多是从外边学习来的知识，这些知识如果不经过个体应用、体验、相信的过程，很快就会被淡忘甚至被彻底遗忘。因此，应用、体验从而相信新知识的过程不可或缺，只有经历了"用—信"的过程，新学到的显性知识才能纳入教师个人教育知识体系。[1] 而促进教师新知识和技能的转化需要对教研员和园内业务管理者的受训效果进行跟进。一方面，培养是跟进的基础；另一方面，跟进也是培养的一部分。培养需要跟进的支持才能使教师培养落到实处，收到良好效果。本章主要探讨教研员如何发挥自身的作用，从区域教师队伍整体发展的高度，借助计划管理的方式，通过培养方案的制订、培养方案的实施、培养效果的评估和跟进实现对教师进行培养的目标。笔者希望这样的过程能够帮助教研员把握教师培养的基本理念、思路和方法，让区域教师队伍形成梯队，得到可持续发展。

第一节　培养方案的制订

教师培养是一个长期的重点工程，这个工程能否有序进行以及得到质量保障取决于人才培养方案的总体设计。培养方案的制订可以帮助教研员明晰教师

---

[1] 刘丽：《幼儿园教师个人教育知识更新策略》，载《学前教育》，2016（3）。

专业发展的主要问题和需要，明确培养的方向、目标和思路，制定具体的、可操作的措施，保障人才培养持续有效进行。

一、培养方案制订的依据

培养方案关系到人才培养的方向，是一定时期内教师培养的行动指南。它的制订必须建立在人的发展特点和人才培养规律的基础上，同时也要符合国家对人才培养的要求。因此，方案制订的依据来源于以下几方面。

（一）幼儿发展的需要

教师培养方案首先要考虑的是幼儿的发展需要什么样的教师，这样的教师应该：一要热情、平等、公平、宽容、耐心地对待幼儿，与幼儿建立亲密、平等、和谐、互敬互爱的师幼关系；二要懂得幼儿的身心发展特点、需要和规律，学会潜心观察幼儿，按照幼儿身心发展规律设计和组织保教活动，创设适宜的环境；三要明白在知识大爆炸、信息技术高度发展的时代，可以保证人可持续地发展、能让人与时俱进的方法和途径。这些都应该是教师所要学习和了解的内容。因此，这些内容就成为教研员制订培养方案的依据之一。教研员要不断观察、研究幼儿的所想、所需，引导和提升教师观察、理解幼儿的所想、所需和支持幼儿的能力。这方面内容在《3—6岁儿童学习与发展指南》中有比较详细的叙述，可参考。

（二）国家对教育和教师的要求

教研员必须要了解我国教育改革的方向，了解国家需要什么样的人才、什么样的教师，并以国家对教育和教师的要求为依据来制订培养方案，这样才能做到方向明确、少走弯路。近些年来，为了保证幼儿园教育能够贯彻国家的方针，使幼儿获得德、智、体、美全面发展，我国不同阶段的文件对幼儿教师的要求和队伍建设提出了很多新的、具体的要求，指导着教师培养方向。例如，《幼儿园教师专业标准（试行）》在幼儿园教师培养方向和如何培养方面提出了明确详细的基本要求：幼儿园教师是履行幼儿园教育教学工作职责的专业人员，需要经过严格的培养与培训，具有良好的职业道德，掌握系统的专业知识和专业技能。《幼儿园教师专业标准（试行）》是国家对合格幼儿园教师专业素质的基本要求，是幼儿园教师实施保教的基本规范，是引领幼儿园教师专业发展的基本准则，是幼儿园教师培养、准入、培训、考核等工作的重要依据。它从四个角度提出了教师培养的方向：师德为先、幼儿为本、能力为重、终身学习，从专业理念和师德、专业知识和专业能力三个维度提出了教师培养的具体内容。《幼儿园教育指导纲要（试行）》从教育的角度为幼儿园教师培养指出了方向：①以关怀的态度与幼儿交往，耐心倾听，努力理解幼儿的想法与感受，支持、鼓励他们大胆探索与表达；②善于发现幼儿感兴趣的事物、游戏和偶发事件所蕴含的教育价值，把握时机，积极引导；③关注幼儿在活动中的表现和反应，敏感地觉察他们的需要，及时以适当的方式应答，形成合作探究式的师生互动；④尊重幼儿在发展水平、能力、经验、学习方式等方面的个体差异，因人施教，努力使每一个幼儿都能获得满足与成功；⑤关注幼儿的特殊需要，包括各种发展潜能和不同的发展障碍，与家庭密切配合，共同促进幼儿健康成长。总之，教师应成为幼儿学习活动的支持者、合作者、引导者。教师对自身角色、幼儿、教育等的认知直接影响幼儿园教育的质量。另外，《幼儿园工作规程》和《3—6岁儿童学习与发展指南》也为教研员培训教师提出了参考依据。

习近平总书记于2014年教师节在与北京师范大学师生代表座谈时指出："一个人遇到好老师是人生的幸运，一个民族源源不断涌现出一批又一批好老师则是民族的希望。"习近平总书记号召全国广大教师做"四有"好教师，即有理想信念、有道德情操、有扎实学识、有仁爱之心。2016年教师节，习近平总书记在回"八一"中学看望师生时提出："广大教师要做学生锤炼品格的引路人，做学生学习知识的引路人，做学生创新思维的引路人，做学生奉献祖国的引路人。"

上述这些内容都是国家对教师的基本要求。教师培养方案的制订者只有以国家对教师的要求为依据制订培养方案，才能保证培养工作符合国家人才培养的大方向，使教育为国家发展服务，培养出德、智、体、美全面发展的创新型人才。

(三) 教师队伍现状

教师的素质直接影响未来人才的素质。然而，教师由于专业背景不同，工作环境和经验不同，必然存在不同的思想观念、专业水平和个性。他们对职业的信念，对幼儿、教育、课程等的认识是不同的，所以他们所实施的教育就可能千差万别。"没有调查就没有发言权。"教师培养只有建立在对教师发展现状、水平和需要充分了解的基础上，才会有的放矢，更有针对性，得到教师的认同并收到预期效果。

二、教师队伍现状调研

(一) 调研内容

区域调研一般可以包括教师的基本情况、专业理念和师德、专业知识和能力水平，以及教师的发展需要，等等。有的还会根据培养方向了解教师的综合素质，比如教师的为人处世能力、待人接物能力、合作能力、沟通和协调能力，甚至个性品质等。这些基本素质涉及人性，对教师的专业发展也起着至关重要的作用。

调研问卷范例

北京市朝阳区"十三五"教师继续教育培训意向调查

北京教育学院朝阳分院　王艳云

农业部机关幼儿园　韩佳格

【基本数据】

1. 您的性别是_____。（1）男　　　　（2）女

2. 您的年龄是_____岁。

3. 您从事幼儿园教师工作的年限是（　　　）。

（1）11年及以上　　（2）6～10年　　（3）3～5年　　（4）2年及以下

4. 您入职的初始学历/学位是（　　　）。

　　（1）博士　　　　　（2）硕士　　　　（3）学士（大学本科）

　　（4）大专　　　　　（5）中专　　　　（6）职高

　　（7）高中及以下　　（8）其他_____

您目前的最高学历/学位是（　　　）。

　　（1）博士　　　　　（2）硕士　　　　（3）学士（大学本科）

　　（4）大专　　　　　（5）中专　　　　（6）职高

　　（7）高中及以下　　（8）其他_____

5. 您的毕业院校是_____。

6. 您的毕业专业是（　　　）。

（1）学前教育专业（综合类）

（2）学前教育专业（专业技能类）

（3）非学前教育专业的其他相关专业（综合理论类）

（4）非学前教育专业的其他相关专业（艺术类）

（5）其他_____

7. 您所在的幼儿园是（　　　）。

　　（1）无级无类　　　（2）二级二类　　（3）一级二类　　（4）一级一类

　　（5）区级示范园　　（6）市级示范园　（7）其他_____

8. 您所在的幼儿园的性质是（　　　）。

　　（1）教委办园　　　（2）社会类公办　（3）民办

　　（4）其他_____

9. 您目前在幼儿园里的职位是（　　　）（可多选）。

　　（1）保育员　　　　（2）班长　　　　（3）带班教师　　　（4）年级组长

(5) 教研组长　　　　(6) 保育组长　　　　(7) 专职特色教师

(8) 其他_____

10. 您的职称是（　　）。

(1) 未评职称　　　　　　　　　(2) 三级（原幼教/小教）教师

(3) 二级（原幼教/小教）教师　(4) 一级（原幼教/小教）教师

(5) 副高（中学高级）　　　　　(6) 正高

11. 您是否获得过以下专业骨干称号？　是（　　）　否（　　）

请把所获称号的序号写在（　　）内。

(1) 园骨干　　　　(2) 区骨干　　　　(3) 区学科带头人

(4) 区优秀青年教师(5) 市骨干　　　　(6) 市学科带头人

(7) 特级教师　　　(8) 其他_____

12. 您是否获得过以下荣誉称号？　　　是（　　）　否（　　）

请把所获称号的序号写在（　　）内。

(1) 园级　　　　(2) 镇级　　　　(3) 区/县级　　　(4) 省/市级

(5) 国家级　　　(6) 其他_____

13. 您是否曾在以下级别的教育教学评优活动中获奖（可多选）？是（　　）　否（　　）

请把所获奖项的序号写在（　　）内。

(1) 园级　　　　(2) 镇级　　　　(3) 区/县级　　　(4) 省/市级

(5) 国家级　　　(6) 其他_____

14. 您是否在论文评审活动中获奖（可多选）？是（　　）　否（　　）

请把所获奖项的序号写在（　　）内。

(1) 园级　　　　(2) 镇级　　　　(3) 区/县级　　　(4) 省/市级

(5) 国家级　　　(6) 其他_____

【问卷主体】

1. 请选择您认为有效的培训形式（多选，先选择，再按效果由高到低的顺序排序）（　　）。

(1) 专题讲座　　　　　　　　　　(2) 听优质课

(3) 专家入园进行实践诊断与指导　(4) 课题研究带动培训

(5) 师徒结对　　　　　　　　　　(6) 教师自修自学

(7) 网络学习　　　　　　　　　　(8) 其他_____

2. 关于网络培训，您的意见是（　　）。

(1) 支持，原因是_____。

(2) 不支持，原因是_____。

3. 您认为一名教师在 5 年内参加区级培训（按每期培训 10 个半天计算）多少期比较合适？（　　）
(1) 1 期　　　　　(2) 2 期　　　　　(3) 3 期　　　　　(4) 4 期
(5) 5 期及以上　　(6) 其他_____

4. 在培训的频率上，您期望（　　）。
(1) 每周一次　　　　　　　　　　　(2) 每两周一次
(3) 每月一次
(4) 其他_____

5. 在培训时间的安排上，您期望（　　）。
(1) 在工作日培训　　　　　　　　　(2) 利用双休日培训
(3) 利用假期培训
(4) 其他_____

6. 您对以下各项培训内容的需求度如何？（请在对应处打"√"）

培训内容	需求程度		
	非常需要	一般需要	不需要
(1) 教育理论研读			
(2) 教育法律法规			
(3)《3—6 岁儿童学习与发展指南》解读			
(4) 区域游戏指导			
(5) 五大领域教学法			
(6) 如何做好家长工作			
(7) 幼儿园安全问题及预防策略			
(8) 幼儿园教师礼仪			
(9) 与幼儿沟通的艺术			
(10) 幼儿心理特点解读			
(11) 艺术欣赏			
(12) 幼儿教师如何做研究			
(13) 现代信息技术			
(14) 教师职业（成长）规划			
(15) 案头写作（案例、论文、反思、计划、总结等的撰写）			

续表

培训内容	需求程度		
	非常需要	一般需要	不需要
（16）如何观察幼儿			
（17）班级管理			
（18）环境创设			
（19）如何获得职业幸福感			
（20）过渡环节的组织			
（21）幼儿教师心理调适			
（22）如何做好保育工作			
（23）幼儿常规培养			
（24）教学活动设计			
（25）主题活动设计与实施			
其他（请填写）：			

（二）调研方式

调研一般可以采用问卷调查、访谈、观察、文本资料调查等方式。另外，间接利用各种展评、督导、考核等评价内容，也是教研员了解教师现状的途径。问卷调查多采用不记名的方式。访谈一般是设计好一些开放性问题，在相对宽松的氛围中了解教师的真实想法。观察是调研方式中比较耗费时间的，但相对能真实反映研究对象的实际情况。文本资料调查则利用教师书写的计划、笔记等文本资料中的文字信息了解教师专业水平的实际情况，它往往能反映教师的真实水平。各种展评、督导、考核之后，教研员也可以从记录表和评价表中收集一定的教师专业发展现状信息，这也可以视作调研的一种方式。

（三）调研结果

调研结果一般是从调研所获得的材料中分析提取出来的。教师队伍现状最终要通过调查报告的撰写表达出来。撰写报告的过程可以帮助教研员通过系统、科学、全面的梳理和分析，清晰地了解教师队伍的整体情况、主要优势、问题以及这些问题形成的原因。教研员要经过归纳、概括形成几条清晰鲜明的观点呈现在方案中，作为教师培训方案制订的依据之一。

调研结果能够显现出教师队伍的优势和不足，也能够间接告诉我们教师培养的方向是什么。因此，我们可以趁热打铁从调研结果中进一步为教师培养的方向、途径、方法等提出有针对性的建议，为方案的制订奠定基础。

调研报告范例

北京市朝阳区幼儿园教师"十三五"培训需求调研报告

北京教育学院朝阳分院　王艳云

农业部机关幼儿园　韩佳格

为了全面了解现阶段朝阳区幼儿园教师的培训需求,增强培训的针对性,我们随机抽取了40所幼儿园,对教师进行问卷调查。调查内容包括教师的基本信息,教师对培训内容、培训形式、培训时间的需求倾向,以及不同教师群体需求的差异性。本次调查共发放问卷1100份,回收910份,其中有效问卷908份。调研结果与分析情况如下。

一、基本情况

参与调研的908名教师中,有6名男教师,其余902名均为女教师,女教师约占总人数的99.3%。908名教师的年龄分布于17~57岁,平均年龄为27岁;年龄为20~30岁的教师约占总人数的64.3%;20岁以下的教师约占总人数的13.3%;综合来看,30岁以下的教师约占总人数的77.6%。从教龄来看,从事幼教工作两年以下的新入职教师人数最多,有308人,约占总人数的33.9%;其次是工作3~5年的教师,约占总人数的31.5%。综合两组数据看,从事幼教工作5年以下的新手型教师约占总人数的65.4%;教龄为6~10年的教师约占总人数的16.6%;教龄为10年以上的成熟型教师仅约占总人数的18.0%。综合年龄、教龄两个指标来看,朝阳区幼儿园教师队伍年轻化特征显著。

908名教师中,初始学历为大专的比例最大,约占总人数的42.7%;其次为中专学历,约占总人数的34.5%;本科、研究生人数较少,其中研究生占总人数的16.6%。总体来看,幼儿园教师初始学历以中专和大专为主,本科及以上学历教师的比例较小。从最高学历来看,学历仍以大专为主,约占总人数的46.1%;其次为本科,约占总人数的41.4%;中专及以下约占总人数的11.3%。对教师职后学历补偿教育情况进行方差分析,结果显示,教师的最高学历水平与初始学历水平存在极其显著差异。具体来看,本科学历教师的人数显著增加,由之前的15.9%增加到41.4%;中专及以下学历教师的人数大幅下降。这说明幼儿园教师通过职后学习提升学历水平的现象普遍存在,这一现象在大专及以下学历教师中更为显著。

从专业来源来看,908名教师中有769人来自学前教育专业,包括综合类学前教育专业和专业技能类学前教育专业,约占总人数的84.7%;非学前教育专业毕业的教师约占总人数的15.3%。

二、培训需求倾向

(一) 培训内容需求倾向

1. 总体需求倾向

问卷列举了25项常见的培训内容。每一项培训内容对应"非常需要、一般需要、不需要"三个需求等级。后期统计定义"非常需要"的水平值为2,"一般需要"的水平值为1,"不需要"的水平值为0,并对25项培训内容进行均值比较。结果显示,25项培训内容的得分均值全部在1以上,其中有10项培训内容的均值在1.7以上,其需求程度由高到低分别为区域游戏指导、五大领域教学法、主题活动设计与实施、教学活动设计、《3—6岁儿童学习与发展指南》解读、幼儿心理特点解读、如何观察儿童、环境创设、如何做好家长工作、与幼儿沟通的艺术。可以看出,教师的需求倾向与日常工作实践密切相关。教学基本能力与方法类内容的需求程度最高,如区域游戏指导、五大领域教学法、主题活动设计与实施、教学活动设计等。需求程度高的其次为与日常工作实践密切相关的专业理论与知识类内容,如《3—6岁儿童学习与发展指南》解读、幼儿心理特点解读、幼儿观察策略等。幼儿园教师礼仪、如何做好保育工作、现代信息技术等内容的需求程度最低。这也从侧面反映出,得分低的内容与教师的日常教育教学工作联系不紧密,较难引起教师的重视。

2. 不同教龄教师的需求倾向

我们将教师按照教龄分组,选出各组教师最需要的5项培训内容进行比较,结果显示需求程度最高的培训内容不存在教龄差异,为区域游戏指导;其他培训内容则存在组间差异。值得关注的是,4个教龄组中,有3个组都将五大领域教学法排在培训需求的第二位;唯有11年以上教龄组将《3—6岁儿童学习与发展指南》解读排在第二位,而五大领域教学法没有进入该组教师需求的前5位。结合日常观察我们推断,对于11年以上教龄的教师而言,《3—6岁儿童学习与发展指南》的颁布对其教育观念和教学方法的冲击较大,这些教师渴望通过外界培训进一步领会《3—6岁儿童学习与发展指南》倡导的教育理念和方法;而这组教师普遍经历过分科教学,所以对五大领域教学法的需求程度较低。相反,教龄在10年以下的教师因上学期间较少学习系统的教学法知识而普遍感觉领域教学知识不足,因此将五大领域教学法列为第二需求。

不同教龄教师的培训内容需求分析

需求排序 \ 教龄	11年以上	6~10年	3~5年	2年以下
1	区域游戏指导	区域游戏指导	区域游戏指导	区域游戏指导
2	《3—6岁儿童学习与发展指南》解读	五大领域教学法	五大领域教学法	五大领域教学法
3	主题活动设计与实施	如何观察幼儿	主题活动设计与实施	教学活动设计
4	幼儿心理特点解读	主题活动设计与实施	幼儿心理特点解读	如何做好家长工作
5	教学活动设计	与幼儿沟通的艺术	教学活动设计	主题活动设计与实施

3. 不同学历教师的需求倾向

我们将教师按照学历进行分组，选出各组教师最需要的5项培训内容进行比较，结果如下：需求程度最高的培训内容不存在学历差异，为区域游戏指导；其他培训内容上则存在组间差异。对比显示，与大专及以下学历教师相比，本科及以上学历教师更倾向于理论知识的学习与提升，而大专及以下学历教师更关注实践操作类的培训内容。

此外，不同学历教师在如何获得职业幸福感、如何做好家长工作、幼儿园安全问题及预防策略内容上的需求程度存在显著差异；在幼儿园教师礼仪、环境创设、如何做好保育工作内容上存在极其显著差异。我们对上述6项内容做进一步分析发现，在环境创设上，大专组教师的需求程度显著高于其余两组；在其他5项培训内容上，中专及以下组教师的培训需求显著高于其他两组。我们进一步推断，学历水平越低的教师，对职业幸福感的主观需求越强烈，越关注家长工作、安全问题、教师礼仪和保育工作，因而产生了更强烈的培训需求。

不同学历教师的培训内容需求分析

需求排序 \ 学历	本科及以上	大专	中专及以下
1	区域游戏指导	区域游戏指导	区域游戏指导
2	主题活动设计与实施	五大领域教学法	如何做好家长工作
3	如何观察幼儿	主题活动设计与实施	五大领域教学法

续表

学历 需求排序	本科及以上	大专	中专及以下
4	《3—6岁儿童学习与发展指南》解读	教学活动设计	教学活动设计
5	幼儿心理特点解读	环境创设	环境创设

4. 不同专业教师的需求倾向

我们将教师按照专业进行分组，选出各组教师最需要的5项培训内容进行比较，结果如下：非学前教育专业艺术类教师组需求程度最高的培训内容为主题活动设计与实施；其他三个组均为区域游戏指导。此外，学前教育专业毕业的教师对《3—6岁儿童学习与发展指南》解读、五大领域教学法的关注度高于非学前教育专业毕业的教师。而非学前教育专业毕业的教师对幼儿心理特点解读、与幼儿沟通的艺术等内容的需求程度明显高于学前教育专业毕业的教师。

不同专业教师的培训内容需求分析

组别 需求排序	学前教育专业 综合类	学前教育专业 艺术类	非学前教育专业 综合类	非学前教育专业 艺术类
1	区域游戏指导	区域游戏指导	区域游戏指导	主题活动设计与实施
2	主题活动设计与实施	环境创设	五大领域教学法	教学活动设计
3	五大领域教学法	《3—6岁儿童学习与发展指南》解读	如何观察幼儿	区域游戏指导
4	教学活动设计	如何观察幼儿	主题活动设计与实施	幼儿心理特点解读
5	《3—6岁儿童学习与发展指南》解读	五大领域教学法	与幼儿沟通的艺术	与幼儿沟通的艺术

5. 不同职位教师的需求倾向

我们按照教师的职位将教师分组，分别统计各组最需要的5项培训内容，结果如下：班长除关注日常教学与区域指导之外，还更加关注幼儿心理特点解读、《3—6岁儿童学习与发展指南》解读、环境创设等内容；年级组长将幼儿教师如何做研究作为一项需求度较高的内容；教研组长将如何观察幼儿作为期望提升的内容之一；保育组长则更加关注幼儿心理和与幼儿沟通的艺术。

不同职位教师的培训内容需求分析

需求排序 \ 职位	保育员	班长	带班教师	年级组长	教研组长	保育组长	专职特色教师
1	区域游戏指导	区域游戏指导	区域游戏指导	区域游戏指导	区域游戏指导	过渡环节的组织	《3—6岁儿童学习与发展指南》解读
2	教学活动设计	主题活动设计与实施	五大领域教学法	主题活动设计与实施	《3—6岁儿童学习与发展指南》解读	如何观察幼儿	五大领域教学法
3	主题活动设计与实施	幼儿心理特点解读	教学活动设计	幼儿教师如何做研究	主题活动设计与实施	幼儿心理特点解读	与幼儿沟通的艺术
4	五大领域教学法	《3—6岁儿童学习与发展指南》解读	主题活动设计与实施	《3—6岁儿童学习与发展指南》解读	环境创设	与幼儿沟通的艺术	区域游戏指导
5	《3—6岁儿童学习与发展指南》解读	环境创设	《3—6岁儿童学习与发展指南》解读	环境创设	如何观察幼儿	区域游戏指导	幼儿心理特点解读

6. 骨干教师的需求倾向

在908个有效样本中，骨干教师有204人，约占总人数的22.5%，其中包括特级教师1人、市学科带头人1人、市骨干教师3人、区学科带头人6人、区骨干教师45人、区优秀青年教师49人、园骨干教师136人。

与样本整体（908名教师）最需要的5项培训内容（区域游戏指导、五大领域教学法、主题活动设计与实施、教学活动设计、《3—6岁儿童学习与发展指南》解读）相比，骨干教师对教学基本实践能力类培训内容（如五大领域教学法、教学活动设计）的需求度较低，相对更加关注《3—6岁儿童学习与发展指南》解读、如何观察幼儿、幼儿心理特点解读等理论提升类的培训内容。

7. 不同性质幼儿园教师的需求倾向

我们将不同性质幼儿园教师对培训内容的需求倾向进行比较,结果如下:无论来自哪种性质幼儿园的教师,其需求程度最高的培训内容均为区域游戏指导;需求程度位列前5的培训内容普遍集中在与教学实践密切相关的内容上,包括主题活动设计与实施、五大领域教学法、教学活动设计。

与公办园不同的是,民办园教师对环境创设、如何与幼儿沟通等培训内容的需求程度明显高。不同性质幼儿园的教师,对以下5项培训内容的需求度存在明显差异,它们是教育法律法规、幼儿园安全问题及预防策略、幼儿园教师礼仪、如何观察幼儿、班级管理。具体表现为民办园教师对教育法律法规、幼儿园教师礼仪的需求程度显著高于教委办园教师;而在如何观察幼儿这一内容上,教委办园教师的需求程度显著高于民办园教师;在幼儿园安全问题及预防策略、班级管理方面,社会力量办的公办园教师的需求程度普遍高于教委办园教师。

(二) 培训形式需求倾向

1. 总体倾向

我们将7种常见的培训形式提供给教师,让教师选出有效的培训形式并按照效果由高到低的顺序排序。我们对教师选择的培训形式按由高到低的顺序进行7—1分赋值,对均值进行比较,结果如下:教师普遍认为最有效的培训形式是听优质课;专家入园进行实践诊断与指导、专题讲座、课题研究带动培训、师徒结对、教师自修自学、网络学习依次随后。

由此我们推断,针对性较强的集中式培训(如听优质课、专家入园进行实践诊断与指导、专题讲座等)较能得到教师认可。相反,形式比较松散、主题性和针对性较弱的培训形式(如教师自修自学、网络学习等)较难得到认可。

2. 网络培训需求倾向

我们就教师对网络培训的支持程度进行调研,结果显示61.1%的教师对网络培训持支持态度,38.9%的教师持反对态度。

在持支持态度的教师中,66.4%的教师提出支持网络培训的原因是"培训形式灵活",17.3%的教师提出支持网络培训的原因是"学习效果相对较好"。在持否定态度的教师中,50.2%的教师提出不支持网络培训的原因是"网络培训互动性较差,培训效果难以保证",26.9%的教师认为自己的有效学习时间难以保证,因此不支持网络形式的培训活动。

(三) 培训时间需求倾向

我们对教师在5年内期望参加的培训期数进行统计,结果表明:按每期培训 10 个半天计算，教师普遍认为 5 年内参加区级培训 3 期最适宜，其他倾向程度由高到低依次为 5 期及以上、2 期、4 期、1 期。可以看出，教师的学习需求较为强烈，期望通过培训提升自身专业水平。

有关培训频率倾向的统计结果显示：43.4%的教师倾向于每两周参加一次培训；其次为每月一次，占到总人数的 33.9%；选择每周培训一次的教师较少。

就每次培训的具体时间安排来看，教师普遍倾向于在工作日培训，占到了总人数的 86%。教师希望在工作日参加培训，而非双休日或假期。联系幼儿园教师的学历情况分析，幼儿园教师的初始学历普遍较低，入职后面临利用周末进行学历进修的任务，因此希望将培训安排在工作日的需求符合教师队伍的实际。

三、结论与建议

（一）关于教师结构与培训意愿的分析

朝阳区幼儿园教师的初始学历以大专、中专为主，普遍存在通过进修提升学历水平的现象。30 岁以下的教师占到总人数的 77.6%，从事幼教工作 5 年以下的新手型教师占总人数的 65.4%，说明幼儿园教师队伍结构年轻化。

教师普遍具有较高的学习热情。因此，教育部门应加强教师培训工作，借助专业资源，帮助教师实现提升专业水平的愿望。

（二）关于培训实施的建议

在培训内容上，教师对实践类培训（区域游戏指导、五大领域教学法、主题活动设计与实施、教学活动设计）的需求程度高，所以教育部门应加强对实践类知识与能力的培训，尤其要重视对区域游戏指导的培训。不同群体对培训内容的需求不尽相同。学历、专业、教龄、职位、层次等，都是影响培训需求的重要因素，所以教育部门应依据不同教师的需求，提供个性化的培训内容。

在培训形式上，目标明确、实效性强的集中学习，更能得到教师的认可，所以教育部门应尽量采取既有明确专题又能密切结合实践的听评课、入园诊断与指导等培训形式。网络培训灵活、便利等优势与互动性差、效果难以保证等劣势并存，所以教育部门在网络培训的过程中须谨慎，可以通过加强课程内容的生动性与实用性、更新培训形式等方式，尽可能地避免培训者与受训者不能面对面互动带来的不足。

在培训时间上，教育部门应考虑幼儿园教师的实际需求，尽量将培训安排在日常工作时间，避免与教师学历进修时间产生冲突。

三、培养方案的基本结构和制订方法

培养方案反映教师培养的基本理念、具体思路与方向以及措施。培养方案

主要包括以下几个方面。

（一）现状分析

现状分析主要来源于培养者通过各种途径和方式获得的调研分析或者报告，其中高度浓缩的主要优势和问题是主要参考依据。现状要依据培养方案所面对的对象来分析：如果是面向全体教师的，就要对全体教师进行分析；如果是面对不同层次的教师的，就要针对不同层次的教师进行分析，如新入职教师分析、业务领导分析等。

（二）指导思想

指导思想主要表达的是培养者在做教师培养工作时的想法、依据和理念，即制订方案所要遵循的一些原则、一些简单的思路和方向等，是提纲挈领的一段文字。有的方案可能没有指导思想这一项内容，但一般会在目标和方案制订依据里呈现一些想法和思路。

（三）培养目标及重点

目标对于教师培养成效十分关键，因为它是动力和方向。设定目标就像建金字塔，既要有长远目标，又要有近期的分解目标，这样目标才可能逐步实现。同时目标制定一定要与教师的现状分析紧密联系，要避免问题和目标脱节。

（四）培养途径与方法

培养途径与方法要围绕目标及培养重点确定。培养途径与方法要依据不同对象（不同层次的教师群体）的特点确定。例如，对于新入职教师的培养，可能更需要的是岗位实践练兵和师带徒、口耳相传的方式。而对于骨干教师则可以通过让他们在课题研究中承担任务的方式进行培养，重点在于提高他们的自主学习和研究意识及能力。目标不同，培养的途径和方法也不相同。方案初稿要尽量征求教研员、幼儿园、教师的意见，请他们从不同角度对方案提出建议，以有利于方案的完善。

培养方案范例

北京市海淀区幼儿园新任业务园长培养方案
（2016年9月至2018年6月）

北京市海淀区教师进修学校　马　虹　李　峰　陈敏倩

随着国家对学前教育的重视，各个层面在学前教育方面的投入不断增多。近年来，海淀区幼儿园数量不断增加，同时大批新任业务园长纷纷走上工作岗位。当前，在海淀区180名业务园长中，任职未满三年的有103名，约占总数的57.2%。为促进新任业务园长尽快转变角色，提升其保教管理工作的胜任力，确保海淀区园所质量的可持续发展，特制订本培训方案。

一、培养对象

海淀区新任业务园长：任职未满3年的业务管理者群体，包括业务园长、保教主任，共103名。

二、群体现状与需求分析

学前教育研修室通过观察、问卷调查、访谈等多种形式调研了解新任业务园长的队伍发展情况及其专业发展需求。

群体现状：我区新任业务园长群体呈现年轻化、学历较高、缺少实践经验等特点。具体表现：队伍总体较为年轻，46.9%的业务园长的年龄为25~35岁；学历水平较高，近70%的业务园长为本科及以上学历；岗位工作经验不够丰富，40%的业务园长直接从教师转变为业务园长，在领导和管理方面欠缺知识与经验，在担任业务园长前并没有接受过专业指导和帮助。

需求分析：我们通过调研新任业务园长"在保教管理中最棘手的问题"，了解他们在保教工作中的实际困难与需求。经过分析发现，专业需求主要聚焦在幼儿园园本教研的组织与实施、日常深入班级指导教学工作、课程的管理与指导、园本培训的设计与实施几个方面。除此之外，由于新任业务园长的自身原有经验和成长经历不同，培训需求的个性化差异非常显著。在培训形式方面，新任业务园长对于幼儿园观摩、跟岗学习、专题讲座、师带徒4种形式的需求最为强烈：65.6%的新任业务园长希望有更多机会到幼儿园观摩学习；56%的新任业务园长希望能够通过跟岗学习的方式直接汲取优秀业务管理者的经验，进而解决自身实际问题。可见，新任业务园长更希望从培训中获得更直接、可行、可借鉴的经验，并尽快用于工作中。

三、培养目标

培养目标依据2015年教育部颁布的《幼儿园园长专业标准》制定。该标准是对幼儿园合格园长专业素质的基本要求，是引领幼儿园园长专业发展的基本准则，是制定幼儿园园长任职资格标准、培训课程标准、考核评价标准的重要依据。

结合园长队伍的发展现状和专业发展要求，我们将通过基于实践问题与需求的实践研修，帮助新任业务园长了解岗位职责，明晰保教管理各项工作的内容、关系与实践策略，提升岗位胜任力，促进专业能力稳步提升。

四、培养时间

2016年9月至2018年6月两年（4个学期）。

五、培养方式和内容

培养采取研训一体的方式，通过主题模块研修与工作坊实践研修相结合，既全面提升专业素养，又满足个性化学习的需要。根据我区"十二五"规划时期开展的北京市教育科学规划课题"促进幼儿园业务园长专业发展的培训模式研究"成果，遵循"基于问题、合作学习、行为调整"的培训理念，采用"基于问题的业务园长培训模式"，即"依据模块要素设置问题→个人与小组反思，提出问题→整合资源，多元引领→分组研修，内化学习→问题情境，实践应用→总结梳理，沉淀策略"开展系列研修，在提出问题、解决问题的过程中帮助业务园长梳理隐含于问题背后的专业知识，提高他们的专业能力。

（一）主题模块研修

研修主题：围绕幼儿园保教管理工作实践和《幼儿园园长专业标准》中的能力要求，开展包括"日常查班、园本教研、课程指导、园本培训"4个模块的研修。每学期集中研修不少于4次，保证参与研修的业务园长在两年内完成4个核心模块的课程学习。研修形式包括专家讲座、总结交流、参观学习等，通过主题模块研修实现研修过程中的多元引领和梳理总结。

业务园长研修模块和专业知识、能力对照表

研修模块	专业知识、能力（摘自《幼儿园园长专业标准》）
日常查班	深入班级指导保育教育活动，利用日常观察、观摩活动等方式，及时了解、评价保育教育状况并给予建设性反馈。
园本教研	掌握园本教研、合作学习等学习型组织建设的方法以及激励教师主动发展的策略。
课程指导	增强课程领导和管理能力，指导教师根据每个幼儿的发展需要，制订个性化的教育方案，组织开展灵活多样的教育活动。
园本培训	具有明确的建立教师专业发展共同体的意识，积极创设条件，促进教师的专业发展。

（二）工作坊实践研修

成立10个保教管理工作坊，以优秀的市区级示范园业务园长为坊主，使新任业务园长与10名坊主进行结对。每个工作坊接收10～13名新任业务园长。

坊主针对坊员情况进行需求调研，确定实践跟岗研修的内容。学期初，工作坊提交本学期研修计划，然后由区教研员反馈指导。计划修订后通过多种方式付诸实施，其中实践研修活动不少于3次。研修形式包括现场观摩、跟进指导、经验分享、读书沙龙、小组研讨、案例剖析、自我反思等。工作坊坊主基于园所资源和自身专业优势，开展形式多样的实践研修，体现研修活动的针对性、连续性、差异性，使个人与小组反思更加深入，使内化学习更有效。

六、具体计划

时间	内容	研修方式
2016年9月—2016年12月	园本教研	主题模块研修＋工作坊实践研修
2017年3月—2017年6月	日常查班	主题模块研修＋工作坊实践研修
2017年9月—2017年12月	课程指导	主题模块研修＋工作坊实践研修
2018年3月—2018年6月	园本培训	主题模块研修＋工作坊实践研修

附件：

"促进业务园长专业能力提升的研修项目"培训需求调查问卷

尊敬的业务园长、保教主任：

您好！非常感谢您参与本次问卷调查。本次问卷调查的目的是了解您对新任业务园长培训的评价和建议，希望您结合工作中的经历、感受和想法进行作答。本问卷将作为海淀区"促进业务园长专业能力提升的研修项目"设计及实施的重要依据，请您如实填写，再次感谢您的支持！

一、您的基本情况

1. 您的姓名_____；所在幼儿园_____。

2. 您的性别_____。

3. 您的年龄_____。

A. 25岁以下　　　　　　B. 25~35岁

C. 36~45岁　　　　　　D. 45岁以上

4. 您现在的学历_____。

A. 高中以下　　　　　　B. 中专（高中）　　　　C. 大专

D. 本科　　　　　　　　E. 研究生及以上

5. 您所学的专业_____。

A. 学前教育　　　　　　B. 非学前教育师范专业

C. 其他_____

6. 您从事幼教工作的年限_____。

A. 5年及以内　　　　　B. 6~10年　　　　　　C. 11~15年

D. 16~20年　　　　　　E. 21年及以上

7. 您现在的职务_____。

　　A. 业务园长　　　　　B. 保教主任，担任该职务_____年

8. 您任现职之前是_____职务，担任该职务_____年。

9. 您任现职前是否有保教管理工作的经验？_____

　　A. 是　　　　　　　　B. 否

10. 您的保教管理工作经验主要来源于哪里？_____

　　A. 自学　　　　　　　B. 师徒带教　　　　　C. 业务园长

　　D. 园长　　　　　　　E. 其他_____

11. 您的职称_____。

　　A. 幼儿园一级　　　　B. 幼儿园高级（小高）

　　C. 中学高级　　　　　D. 特级教师

　　E. 其他_____

12. 您是否是市区骨干/学科带头人？_____

　　A. 区骨干　　　　　　B. 区学科带头人　　　C. 市骨干

　　D. 市学科带头人　　　E. 以上都不是

13. 您所在幼儿园的等级_____。

　　A. 无级无类　　　　　B. 二级二类　　　　　C. 二级一类

　　D. 一级二类　　　　　E. 一级一类　　　　　F. 区级示范园

　　G. 市级示范园

14. 您所在幼儿园的办园类型_____。

　　A. 教育部门办园　　　B. 院校园　　　　　　C. 部队园

　　D. 其他机关单位办园　E. 街道园、农村园　　F. 民办园

二、您对业务园长培训的评价及需求情况

15. 您任现职前有没有参加过业务园长的上岗培训？_____（如"有"请答16题，如"没有"不答16题）

　　A. 有（请填写组织机构及培训项目名称）_____

　　B. 没有

16. 您对自身所参加过的业务园长培训的总体评价_____。

　　A. 不满意　　　　　　B. 无所谓　　　　　　C. 一般

　　D. 比较满意　　　　　E. 满意

　　若不满意，主要原因是_____。

17. 您对当前参加的业务园长培训的总体评价_____。

　　A. 不满意　　　　　　B. 无所谓　　　　　　C. 一般

　　D. 比较满意　　　　　E. 满意

若不满意，主要原因是_____。

18. 请您根据自身情况对业务园长培训的培训内容及您最希望获得哪些方面内容的培训，按需要程度选择最符合的一项。

序号	培训内容	选出您对该学习内容的需要程度				
		非常需要	比较需要	一般	不太需要	不需要
1	国家主要政策法规的内容及解读，特别是幼儿教育政策法规的解读					
2	国内外学前教育改革发展的基本趋势					
3	规划及计划的制订、实施与管理的理论和方法					
4	自然科学知识、人文社会科学知识及艺术修养					
5	幼儿园文化建设的基本理论					
6	业务园长的角色认知与角色适应					
7	幼儿园游戏的组织与开展					
8	幼儿园环境的创设与管理					
9	幼儿园一日生活的安排和组织					
10	教育信息技术在幼儿园的应用					
11	幼儿园课程领导和管理能力					
12	深入班级指导保教活动的策略与方法					
13	园本教研活动的开展					
14	园本培训的组织管理					
15	幼儿园学习型组织的建设					
16	幼儿园教育评价、教师评价、幼儿发展评价					
17	幼儿园家长工作策略					
18	公共关系协调能力和沟通能力（与上级业务部门、家长、教师）					
19	教育科研的理论与方法					
20	除了以上内容，您还希望学习哪些内容？					

19. 请对您希望的培训方式做出选择，请您依据实际情况选择最符合的选项。

序号	培训方式	选出您对该培训方式的需求程度				
		非常需要	比较需要	一般	不太需要	不需要
1	专题讲座					
2	案例分析					
3	沙龙研讨					
4	师傅带教					
5	园所观摩					
6	跟岗学习					
7	在线网络学习					
8	除了以上学习方式，请写出您认为适合的学习方式					

20. 根据您的学习需要，您最希望哪些人作为培训者开展培训，请做出选择。

序号	培训者	选出您对该培训者的需求程度				
		非常需要	比较需要	一般	不太需要	不需要
1	学前教育领域专家、教授					
2	教研员					
3	优秀业务园长（保教主任）					
4	相关领域专家（体育、科学专业教师）					
5	教育培训机构人员					
6	国外学前教育领域专家					
7	除以上培训者外，请继续列出您认为值得推荐的培训者					

21. 您认为在保教管理工作中最急需解决的问题是什么？您希望区级培训提供什么样的支持？

本问卷到此结束！衷心感谢您的协助与配合！谢谢！

第二节 培养方案的实施

《细节决定成败》中有这样一句话："我们不缺制度的制定者，我们缺的是对制度不折不扣的执行者。"因为缺少不折不扣的执行，所以制度实施的过程就会出现各种情况而难以达到制度制定的目的。这句话虽然是针对制度制定难以落实说的，但对于教师培养方案的实施也同样适用。再好的教师培养方案，没有行动和实施也只能是纸上谈兵，对教师培养难以发挥作用。所以教师培养的关键就在于方案的落实及组织实施。因此，我们要在培养方案制订后，按照方案去做、去实施，在实施过程中探索和调整方案。只有这样，教师培养才可能落到实处，培养目标才可能实现。

一、集中培训与跟进

这里的集中培训是指培训者根据教师培养方案和教师队伍专业发展的现状调查，开展有目的、有计划、有针对性的集体培训，通过培训夯实教师的专业理念和师德，弥补教师专业成长中知识经验的不足，提高教师的专业能力。集中培训的课程不是培训者随意设置的，而是培训者根据不同层次教师的需要、国家要求等安排的，一般经历以下几个阶段。

（一）培训方案的谋划

1. 培训对象的选择

根据教师专业发展理论和教师队伍发展的实际情况，承担教师职后培训的培训者一般都会把教师队伍划分成几个层次进行分层次管理和培养。有的以教师工作时间来区分，如日本就把教师划分为1～3年、3～10年、10年以上3个层次。有的按照专业水平达成度来区分，如钟祖荣老师在《现代教师学导论——教师专业发展指导》一书中把教师划分成4个层次：准备期、适应期、发展期、创造期。有的以教师不同的发展特长和方向来划分。无论如何划分或者确定培训对象，都是为了对教师进行更有针对性、有重点的培训，使培训能够真正解决教师问题，让教师获得专业成长。所以教研员可以根据本区实际，结合教师的继续教育要求，站在全区发展的角度进行思考和选择。

2. 培训需求的调研和分析

想要培训有实效，培训者就必须了解培训对象的需要和水平，也就是要研究师情。培训如果不结合培训对象的实际需要和经验，就不能收到良好的效果，而只能劳民伤财，让教师对培训失去期待和兴趣。所以，一般在制订培训方案前，培训者都要设计一些问卷对培训对象进行简单调研和分析，或者利用现有的受训教师群体的一些教育教学实际情况进行分析，例如根据某次大规模比赛结果了解教师的儿童观、教育观、课程观和水平等，在此基础上确定培训目标、培训课程、培训团队和评估办法等。

3. 培训方案的制订

（1）培训方案的设计

确定培训目标：培训目标要体现课程设计和实施让培训对象在专业理念和师德、知识和能力上获得的变化。

确定培训理念和思路：理念和思路是任课教师授课的依据。

研究培训模块：这里的培训模块是指培训课程依据教师专业发展要求等分析、归纳形成的培训内容的类别。模块划分多从同一个维度出发，具有同一标准，即相同内容为一个模块。培训者可以根据教师实际确定一些具体的培训内容作为不同模块，比如提高教师观察能力的模块、增强幼儿课程认识的模块、提高教师反思能力的模块。

筛选培训课程：从众多学员需要学习的内容中选择现有条件（时间等）和水平下教师最需要学习、能学的课程，还要考虑培训资源的储备情况。

制定教学策略：教学策略制约着教学效果。采用什么方式、方法教授课程能够将教师的原有经验与新经验有机衔接，实现自然转化和吸收，让教师有所收获，这是方案制订要重点考虑的方面。

培训方案范例

北京市延庆区学前教育骨干教师培训实施方案

北京市延庆区教育科学研究中心　刘彩云　康汉泽

一、培训背景

2012年教育部颁布了《3—6岁儿童学习与发展指南》，于是广大幼儿园干部和教师掀起了了解、学习、运用该文件的热潮，感受到观念、行动、实践的冲击。面对新机遇、新挑战，为突出重点，抓住关键，贯彻《3—6岁儿童学习与发展指南》的核心和精髓，延庆区教委小学学前教育科、教育科学研究中心学前研训处，以"固教育之本、培教师之源"为己任，按照市教委的要求和部署，结合延庆区学前教育的发展实际和骨干教师队伍的发展需求，推动延庆区学前教育质量在创新中前行，特制订此骨干教师培训方案。

二、现状与需求分析

（一）现状分析

我区骨干教师群体呈现年轻化、学历较高、专业发展水平差异较大等特点。具体表现：队伍总体较为年轻，工作20年以下的骨干教师占全区的64%，骨干教师年龄为 25~35 岁的 35%；学历水平高，本科学历以上的骨干教师占 94%；教师专业发展能力差异较大，高级职称骨干教师占 19%，一级职称骨干教师占 58%，二级职称骨干教师占 23%；园所发展水平层次不一，不能全面引领骨干教师的专业成长；市级示范园所骨干教师占 48%，一级园所骨干教师占 36%，二级及以下级类园所骨干教师占 16%；教师教学经验比较丰富，工作能力较强，特别是教师的爱岗敬业、无私奉献的精神很强，是我区培养大批骨干教师的坚实基础。

（二）需求分析

通过观察及调研，我区骨干教师在"《3—6 岁儿童学习与发展指南》颁布以来理念与实际工作的对接""集体教学活动的有效设计与开展""有效开展课题研究""教学中信息技术的使用"等方面存在问题。经过分析，我们发现教师的专业需求主要聚焦在"学前教育新理念的理解与应用""体现学科特点的集体教学的组织与实施""课题深入研究的方法与有效推进""信息技术的有效应用"四个方面。除此之外，由于年轻的骨干教师自身的原有经验、成长经历不同，培训需求的个性化差异非常显著。在培训形式方面，骨干教师对于"入园观摩＋现场教研"、专题讲座、"教学现场展示＋教研"、科研成果交流四种形式的需求最强烈。据调查，90% 的骨干教师希望有更多机会走进现场，分享实践经验，能够通过亲身参与的方式直接汲取优秀的教学经验，解决自身实际问题，快速提高自身专业水平。

三、指导思想

以转变教育观念为突破口，以提高骨干教师的教育教学研究能力及职业道德水平为重点，建设一支师德高尚、业务精湛、教育教学成绩突出、具有创新精神和实践能力、高质量、高水平的学前教育骨干教师队伍，带动全区教师队伍素质整体提升，全面提高幼儿教育教学质量，实现延庆区学前教育高位均衡发展。

四、培训对象

全区学前教育骨干教师，具体包括市级骨干教师 7 人、区级骨干教师 76 人。

五、培训目标

①培养骨干教师热爱教育事业，具有良好的师德修养、现代教育观念和创新改革意识，进一步提高其职业幸福感、职业自豪感、职业责任感。

②培养骨干教师及时了解国内外最新的学前教育教学理念，了解教学的发展趋势，熟悉并掌握先进的教学方法，提高教学基本技能。

③提升骨干教师学科素养，提升新理念下各领域的教学水平，创新教学设计，为形成独特、个性化的教学风格奠定基础。

④使骨干教师具有较强的教育科研意识和一定的研究能力，重视教育科研活动，使骨干教师根据教育教学改革的目标任务开展教学改革和课题研究，使

骨干教师善于总结经验从而具有较高的教育理论水平。

六、培训原则

①以骨干教师为主体的原则。除集中理论培训外，课程设置在前期调研的基础上，以满足骨干教师的培训需求和工作需求为目标，充分调动骨干教师在培训中的主动性和积极性，激发骨干教师的创造性，鼓励他们主动参与、自主完成培训任务。

②理论联系实际的原则。实践课程的设置应结合培训目标，做到从教学和骨干教师的实际出发，将所学理论与培训实践结合起来，通过观摩、考察、研讨等培训模式，将理论知识转化为实践技能。在此基础上，我们通过布置研究课题，开展个人研究和小组合作研究，提升骨干教师的研究水平。

③资源有效整合的原则。我们充分利用骨干教师的自身资源，组织骨干教师之间的交流与互动；充分利用县域和市级专家、优质园所、北京幼教师资培训中心等培训资源，为骨干教师搭建平台，使骨干教师能够把资源融入自己的工作实际。

七、培训方式及内容

（一）基于问题的专题研修

讲座内容安排：围绕《幼儿园教师专业标准（试行）》和《延庆区幼儿园骨干教师履行职责工作手册》中的能力要求，开展包括现代教育理论研究、教学活动设计、信息技术应用、课题研究方面的研修。每学期的集中讲座不少于4次，保证参与培训的骨干教师在两年内完成上述内容的课程学习。研修形式包括专家讲座和经验交流等，通过专题讲座实现培训过程中的多元引领和梳理总结。

骨干教师的培训专题和专业知识对照表

培训专题	专业知识
师德修养与现代教育理论	幼儿园教师师德修养； 现代教育理论研究。
新课程与教师发展	《幼儿园教师专业标准（试行）》解读； 《3—6岁儿童学习与发展指南》背景下教师角色及幼儿学习方式的转变； 《3—6岁儿童学习与发展指南》背景下科学合理组织幼儿一日生活。
教学活动设计	教学活动设计的基本原理；教学策略的设计。
现代教育技术与信息技术	计算机应用；现代教育技术理论与学科整合。
教育科学研究	教育科学研究方法；课题研究与实践。

（二）基于实践的小组研修

全区成立13个研修小组：以区级教研员和市级示范园的优秀教师为主持人的五大领域工作室成立的5个小组；牵头园所负责的四大学区成立的4个小组；区级专职教研员加基地园干部组织的3个年龄班（大、中、小）小组；市级学科带头人刘胤老师负责的学习故事工作室1个小组。骨干教师与13名小组负责人进行结对。每个小组由15~18名骨干教师组成。

各组负责人针对组内骨干教师的需求进行调研，制订学习方案并组织实践观摩。学期初，各小组提交研修计划，然后由区教研员进行统筹安排并给予反馈指导。计划调整后通过多种方式付诸实施。各个小组每月开展一次研修活动。研修形式包括观摩现场、跟进指导、经验分享、小组教研、案例剖析等。每个小组开展的研修主题呈系统性、连续性、持续性发展，使骨干教师在专业水平上有所提高，形成独特、个性化的教学风格。

小组研修安排

时间	内容	研修方式
2014年9月至 2016年7月	结合《3—6岁儿童学习与发展指南》中的目标和幼儿典型表现进行学习，并结合各自小组的课题开展深入研究。	五大领域工作室＋小组实践研修
	教学活动现场观摩及跟进指导；利用信息技术支持教学的有效研究。	四大学区＋小组实践研修
	深入研究3个年龄班（大、中、小）幼儿的学习特点；开展科学有效的教学活动研究。	3个年龄班＋小组实践研修
	观察幼儿，正确解读幼儿。	学习故事工作室＋小组实践研修

（2）组建任课教师团队

根据培训方案和理念，培训者结合师情确定任课教师团队。一般来说，任课教师团队是由理论和实践相结合的人员组成的。培训者要根据教师的水平和理解能力，选择相应的培训教师。不过，无论专家的理论水平多高，培训者都要考虑专家的讲座内容是否理论结合实际、接地气，能否跟教师的实践挂上钩等问题。因此，组建任课教师团队要注意以下工作。

了解任课教师：通过多种渠道和方式了解所选任课教师的情况和讲课内容及效果，确保任课教师的授课内容与风格等与受训教师的水平、期待接近。

提前与任课教师沟通：将受训教师的情况和需要告知任课教师，详细表达培训的需要和目的，使任课教师了解受训教师的情况，便于备课。经验少的任课教师可以在组建团队后进行集体备课，通过群研群备的方式做好培训准备。

（二）培训方式的选择

培训方式是指培训者确定了培训课程后，用什么方式去传授这些内容能够让受训教师愿意听，能理解并有所收获。培训方式的选择应有利于调动教师学习的积极性，有利于教师自主发现和解决问题。

1. 常见的培训方式

（1）专家讲座

专家讲座是指培训方根据方案请在某一方面有较深入研究的专家、学者给教师进行系统的直接讲授，从理论高度和实践分析角度对教师进行观念、理论、方法等的培训。这种方式一般是你教我学，其特点是教师在相对短的时间内能够比较系统、清晰地学习一些理论知识，但方式比较呆板、单一。如果教师没有需求，学习、理解以及吸收的效果不一定好。

（2）互动参与

案例研讨式：这是围绕一个主题，用文字或者影像等描述一个或者多个案例，针对案例呈现的实践问题进行研讨的方式。案例研讨也可以灵活采用对比分析的方式帮助教师更清晰地了解两个或几个案例不同的特点，从而提高认识能力。案例研讨既可以利用现有案例，也可以根据实践中的问题创编。它的优势在于贴近教师实践，能够聚焦和凸显问题，有利于教师发现问题和引起教师的思想共鸣。

沙龙研讨式：沙龙本是源自国外的一种聚会方式，用在培训中就是指一种针对共同关注和感兴趣的问题，受训者和培训者一起进行交流、比较宽松、形式松散、无拘无束的研讨方式。其优势是氛围宽松，容易让人心理放松、各抒己见。

考察学习式：教师的学习不能闭门造车，很多时候需要走出去借鉴他人的先进经验以丰富自己的认识。因此，培训也可以采用考察学习式进行。培训方在充分了解其他省、市先进经验的基础上策划考察学习，带领教师深入某个省（市、区）去实地观摩和学习，了解别人先进的经验，然后与自身的工作结合进行分析、选择、吸收。

工作坊或工作室式：工作坊和工作室都是目前越来越流行的一种培训方式。一般而言，工作坊以一名在某个领域富有经验的主讲人或主持人为核心，然后10~20名受训者在该主讲人或主持人的指导下，通过各种活动共同探讨某个话题。这种方式的特点是更有针对性和更个性化。这种方式的组织形式更为灵活，可以在正规的会议室和教室进行，也可以在某人家里、博物馆、户外某些场地等进行。它更容易激发教师的灵感，使教师思维活跃。

（3）导师带教

导师带教是指请在某些方面或者领域有深入研究的理论工作者和实践者做受训者的教师进行系统的培训。这些导师可能是大学教师或者研究机构的研究人员，也可能是幼儿园职称较高或者经验丰富的教师。方式可以是园内师带徒，也可以跨园、跨校进行。因为小班化、人数少，这种培训方式更具针对性。将受训者一人或者多人委托给某所学校、幼儿园管理者或者骨干教师一段时间，让受训者亲自参加该管理者或者骨干教师的教学或者教研等活动，在活动中通过亲身经历、实践体验获得全方位的学习。因为在具体的实践情境中全方位地观察、了解和倾听，受训者能够从人格、学术、实践等各方面进行全面学习。教师边看、边学、边悟，能够更立体地获得丰富的专业理念和实践知识。

以上这些方式只是目前培训常用的方式。依据培训目标和要求，培训还可以选择更多的方式。但无论选择什么方式，培训者需要注意以下两点：一是培训方式要为培训目的服务，所以不应过于在乎形式的多样和花哨，而更应该关注能否取得实效；二是注意各种方式的相互配合、灵活运用。

2. 研训一体

（1）研训一体的基本含义

研即教研，重在解决现实教学实践中的真实问题或者教师在现实教学中遇到的疑难问题，它以解决问题为导向。训即培训，是指培训者根据教育发展的现实和未来需要，遵循在职教师的成长规律，有目的、有计划、有组织地引导在职受训教师素质全面提高的活动，旨在促进教师专业素养的提高，是以专业发展为导向的。研训一体是指"研""训"有机地结合起来，研中有训，训中有研。

（2）研训一体的意义

研训一体符合终身教育思想、建构主义学习理论、内隐知识理论和现代教育理念。建构主义学习理论认为，学习者不是空着脑袋走进教室的，他们以往的生活、学习和交往过程中的经验影响着他们对新知识的接受。学习也不是单一的知识从外向内的转移和传递，而是学习者主动使新经验与原有经验相互作用，从而充实、丰富和改造自己的知识经验的过程。研训一体可以让教师把在课堂学习的专业知识和理论，与教育教学研究和实践紧密结合起来，通过自主建构的方式来提高自身的专业能力。

（3）研训一体的实践方法

教研员要通过各种方式了解本区教师的专业优势、主要问题和专业需求，然后围绕教师的问题开展有针对性的研究和培训，以教研—培训—实践三位一体的方式循环往复，不断帮助教师发现问题，学习知识和策略，解决实践问题，进行反思再研究。研训一体的方式一方面可以运用于一个整体培训方案的实施过程；另一方面也可运用于一次培训或者教研过程。例如，教研员发现教师在区域游戏中能够耐心观察幼儿，给幼儿足够的时间和空间去探索，但是教师不知道如何分析和识别幼儿的行为，也不知道什么时候介入合适和怎样介入能够促进幼儿发展而不阻碍幼儿发展。那么，教研员一方面可以围绕具体案例引导教师共同观察、研讨幼儿的语言和行为，当发现教师在分析幼儿行为时缺少幼儿认知发展理论而不能准确判断时，就可以进行幼儿认知发展的相关培训，帮助教师理解幼儿的学习特点、心理特点及发展规律。

（三）培训的组织与实施

1. 工作流程

开展培训有一些基本的工作流程，这里的流程主要是指培训方案从实施到结束的一系列工作，主要涉及以下几方面。

开班前准备：第一，招生并确定班主任，确定培训名单并制作考勤表，印制培训手册；第二，确定培训场地、联系并确定好参观的幼儿园；第三，班主任进行开班仪式准备，与参加开班仪式的领导协调时间，选取新学员代表发言，准备开班仪式流程、主持词等，确定照相和摄像人员，提前准备好桌签。

过程管理：第一，每次课前与授课教师沟通上课需要的设备和条件，提前测试，保证任课教师按时到场；第二，做好现场签到、主持、照相等分工；第三，收取作业。在需要参观幼儿园时，班主任要做好组织管理工作。

培训结束相关管理：按照市、区文件对学分管理的要求，根据学员考勤和作业完成情况的课时记录，给学员赋予学分，有的采用发放证书的方式，有的使用各区自制的计分表等。

教师培训流程范例

新入职教师培训流程

北京市西城区教育研修学院　张　平

工作环节	工作内容	涉及文本
研修需求分析	1. 需求调研并分析：通过调研会、调查反馈表、访谈等，了解教师与园所的需求。 2. 确立培训主题：入职初期的主要引领方向。 3. 确立培训内容与形式。	调研问卷和记录

续表

工作环节	工作内容	涉及文本
研修方案设计	1. 制订培训方案：目的、对象、学时、方式、内容、讲授人、经费使用计划等。 2. 实施培训方案：时间、地点、课时安排、主讲教师安排、教学反馈方式等。 3. 确定讲课教师：根据学员需求和专业要求，选择对研修内容有一定见解且能理论联系实际的专家、教师作为主讲人，并沟通培训的具体内容。 4. 明确培训活动的责任人及其分工。 5. 明确具体活动的工作任务与要求。	培训方案
研修实施准备	每年6月准备 1. 确定培训学员：组织网上报名，编排参训人员名单（姓名、单位、职务、联系方式），制作考勤表。 2. 提前确定好教室：课前再次确认教室、多媒体设备等，保证上课不受影响。 3. 网上发布通知：争取提前两周在局域网下发培训时间、地点、人员名单等。 课前准备 1. 相关资料准备：研修单、听课证、教师讲义、备案表、印章等。 2. 准备摄影摄像设备。 3. 结合需要设计、整理教师反馈意见表（如综合评价单等）。	培训通知、参训名单、专家讲义、演示文稿
研修活动组织	1. 组织当日活动：活动前30分钟到场做好考勤记录，维持活动纪律。 2. 做好服务：到门口迎接讲课教师，并在课后送讲课教师离开。 3. 上传资料至研修网：与讲课教师沟通后收集讲课文本，及时上传至研修网以便于学员及时学习。 4. 最后一次课工作：发放综合评价单，设计和布置培训作业。 5. 做好活动后的收尾工作。	
研修活动统计	1. 统计学员学时，计算学分。依据历次签到信息和研修单数量统计学时。 2. 整理研修作业：收集、整理学员作业。 3. 印制并发放结业证：每年4月根据区域学习60课时和园本课程60课时以及学科实践考核等完成情况确定学员姓名，印制结业证并发放。	学员作业、综合评价单、学科实践考核表

续表

工作环节	工作内容	涉及文本
研修活动总结	1. 对培训工作进行总结。 2. 了解学员的真实感受和需要，对教学反馈情况进行统计分析。 3. 提出下一步培训工作的思路。	培训工作总结、教学反馈表

小组、个人指导或继续研修

工作环节	工作内容	涉及文本
跟进指导	1. 有重点地深入幼儿园观察部分教师的活动。 2. 与园所主管干部进行交流研讨。 3. 提出继续培养建议。 4. 填写指导记录。	指导记录表、各园培养计划
专题研修	1. 了解教师和园所提出的培训需求。 2. 根据需求，有重点地实施专题研修。	培训讲稿
区园联动培养总结	每学期归纳、汇总指导与研修工作记录。	指导研修工作总结

2. 相关制度

为保证培训顺利和圆满完成，培训部门会制定一些相关的管理制度，以保证培训人员各负其责，以及学员按时、认真地参加培训。例如，班主任职责、学员守则、工作流程等可作为制度被固定下来，便于检查和督促，从而保证培训顺利进行。

二、日常培养

教育是一朵云推动另一朵云，是一棵树撼动另一棵树，是生命唤醒生命的事业。教师的专业成长需要培训，更需要循序渐进、潜移默化、有计划、有目的地持续影响和培养。培训多是为了促进教师专业知识和能力的提高，解决教师专业上的问题。而培养则是全方位的综合素养和能力的培养。一个人的成长和成功往往不是由专业能力决定的，更多的时候要靠一些非专业素养和能力，比如如何待人接物、沟通协调、换位思考，等等。所以教师各方面素养与能力的提高不能仅仅依靠培训，更多地需要培养和熏陶。如何使名师和优秀教师辈出，为幼儿的发展提供最适宜的支持和保障，是当前的难题，也是热点问题。

（一）培养机制的构建

机制在《现代汉语词典》里是这么解释的：泛指一个工作系统的组织或部分之间相互作用的过程和方式。社会科学常用的解释为机构和制度。简单来说，机制就是制度加方法或者制度化了的方法。教师培养是一个系统和长期的工程。没有机制做保障，培养就可能是空中楼阁而虚无缥缈，就可能虎头蛇尾或者像一盘散沙难以形成系统和整体。因此，形成培养机制，进行系统全面的思考、布局、规划，是教师队伍培养的基本保障。

1. 成立核心领导小组

由行政牵头、教研室具体负责的教师培养领导小组，要定期讨论区域教师培养问题，制订教师培养规划并组织落实、督促检查、评价。

2. 制定教师培养制度

教师培养不是一个人或一个机构能够独立完成的，它需要行政部门和业务部门联手，需要区园合作。制度是要求大家共同遵守的办事规程和行动准则。大家有了共同的目标和要求才会有共同的方向，所以教师培养机制中要有制度做支撑。制度可以是宏观的，如区域教师培养制度。在确定区域培养的基本理念和目标后，相关单位应制定区域骨干教师评选办法、骨干教师培养的保障和激励机制、中层干部培养制度等。制度也可以是微观的，如教研员针对某一层次教师培养制定的制度，如名师工作室成员竞聘制度、兼职教研员竞聘制度、教研组成员参加活动要求、青年教师培养的评价和管理办法等。

3. 创新教师培养方法

在现代社会，知识更新速度加快，信息技术高速发展。教师的成长背景也千差万别，他们的人生观、价值观和生活方式都有与以往不同的地方。培养教师不能就事论事，仅就业务谈业务，还要注意对教师人生观、价值观的引导，以人为本，关注教师心理健康，同时在专业上给予指导。因此，有关单位特别需要与时俱进，创新教师培养的方式和方法。

（1）师徒制

师徒制是最常见的教师培养方式之一。区域教育部门通过发布文件或其他方式将幼儿园教师与区教研员、名师建立师徒关系，并制定师徒培养制度、管理细则，运行师徒培养和评价机制，确保师徒培养在一定时间内出现效果。师徒制培养是全方位的综合培养，因此教研员应按照区域要求，结合全区教师培养方案，重点在专业理念和能力方面不断提高教师水平，结合教师在培训所学指导教师的实践转化，同时根据教师在实践中缺失的理论和策略指导他们参加相关培训和自主学习，使培训与培养相辅相成、相得益彰、形成合力。师徒制培养的特点是一对一、手把手的指导，更具个性和针对性，更关注教师的个体差异。

（2）骨干教师教研组

培养骨干教师是区域教研重要的功能之一。一般每位教研员都带一个教研组。教研组的骨干教师是各类型幼儿园的骨干教师或者业务管理者，他们是幼儿园重点培养的对象，也是区域骨干教师梯队建设的基础。教研员对骨干教师、教研组教师进行培养，关键是要在了解骨干教师的基础上确定培养定位，明确方向和思路，以一些具体的研究内容为载体对教师进行理论和实践相结合的培养，在1~3年或者更长时间内收到一定效果。

（3）名师工作室

名师工作室是另一种骨干教师培养方式，因为它以"名师"培养为方向，其培养的站位、定位都更具有高水准。一般来说，名师工作室教师都是优中选优得来的，同时主持人由特级教师、市（区）学科带头人或者骨干教师，或者更高层次的专家来担任。他们根据骨干教师的需求和培养方向，量身定制培养方案，使培养对象达到市、区甚至全国名师的水平。

（4）跨园代培或任教

优质教育的关键在于优秀教师。教师跨园代培和任教旨在培养和锻炼优秀教师，实现优质教育资源流动、共享和区域均衡发展，对于提升普通学校教师的教育教学水平，提高优秀教师面对不同的教育环境和条件创造优质教育的能力，以及促进幼儿园质量的提升都很有益处。跨园代培是指幼儿园根据需要派教师到一些名园跟名师或者名园长脱产学习两周甚至更长时间，让教师以亲身体验、耳濡目染的方式进行近距离的学习。跨园任教是指一些骨干教师到普通幼儿园任教一学期甚至更长时间，用言传身教的方式将一些先进的理念和方式传递给普通幼儿园教师，用这种方式为普通幼儿园传经送宝，促进幼儿园质量的提升。跨园代培常见，跨园任教不多见，但这些方式近些年正得到上上下下的高度重视，不久的将来会成为教育改革一道亮丽的风景。

4. 定期交流教师培养经验

定期交流教师培养经验，并把它放到制度中予以落实，是为了保证教师培养有计划、有目地落到实处。另外，无论承担教师培养重任的幼儿园，还是教研员的自身能力和思路都有限，所以定期交流既可以帮助幼儿园和教研员及时梳理教师队伍培养的经验和不足，又可以让彼此的经验得到分享、智慧得到碰撞，从而创生出新的做法，这对于教师培养无疑是很有益的。

5. 评价和考核效果

教师培养方案制订得是否适宜？是否能落实？教师成长是否实现了预期培养效果？这些是教研员需要了解的，以便于对计划进行调整。因此，教师培养跟进机制必须通过评价和考核进行检验。

（二）培养平台的搭建

1. 学习提高平台

教师成长到一定程度会出现职业倦怠或者专业知识枯竭现象而难以再有发

展动力；有的教师的专业知识能力到了高原区。对于这些问题，教研员也难以解决。为了避免这类问题出现，教研员要想方设法针对这类问题为教师创造各种学习的机会。无论高端培训，还是区内外优秀教师经验的观摩，都要能够让教师及时获得理念和理论的补充，帮助教师不断克服职业倦怠带来的消极影响，尽快跨过高原区，获得新能量的补充而精神百倍地投入教学实践和研究。

2. 展示交流平台

工作一段时间后，教师都会积累一些知识经验。这些知识经验既有显性的，也有隐性的，无论显性的还是隐性的，如果没有展示和交流的机会，如果得不到反思和梳理，就难以实现增值，而只能沉寂在教师自己的头脑中，不利于教育事业发展和个人发展。所以培养教师不仅要靠培训，还要给他们创造机会进行交流和展示，让他们的个人知识和才得以固化，并能随时提取。展示交流平台一般有市（区）的研究课、公开课、教学竞赛、技能大赛等。大赛和研究课等会让教师在短时间内获得更多的高层次专业人员或者同伴的指导帮助。

3. 锻炼成长平台

利用和创造一些机会锻炼骨干教师，请骨干教师参与教师培训、薄弱园视导、支教等活动，这对他们来说既是梳理经验、理性思考的机会，又是锻炼机会。能给别人讲明白了自己才会真正明白，而且给别人讲述的过程会使自己了解自己的优势和不足，这也是另一种学习机会。

（三）资源保障

资源主要是指教师培养所需要的物质来源。保障是教师培养的护航系统。教研员作为教师培养的主要责任人之一，一定要有资源保障意识，要具有职业敏感性，能够随时发现、收集和运用好资源，以更好地支持和保障教师培养顺利、有效进行。

1. 收集、盘活各种资源

教师培养离不开人、财、物。人是指各级专家资源、优秀教师资源等；财是指培训和培养需要的资金等；物是指教学课件、书、环境等。这些都是教研员要特别关注的。因为教研员一个人的力量和思维是有限的，所以对教师的培养要依托这些资源，使教师培养有更多专业人士的关注和参与，有更多优秀教师的参与，有坚实的财力支撑。这样才能不断开阔教师的眼界和思路，拓展教师经验。教研员要做一个有心人，平时要有意识地收集一些资源，并根据教师培养目标把它们灵活地运用于自己的培养教师过程，助力教师发展，也让自己得到提升。例如，教研员通过自己外出学习和浏览研究成果可以随时发现和收集资源，等等。

2. 加强与领导、同行的联系

教研员除了要具有资源意识和敏感性，同时还要具有主动性，即具有主动联系相关领导、专家、同行的意识和能力，不断拓展人脉资源。主动联系一方面可以将自己的设想和需求及时告知领导和专家，获得领导和专家的理解和大力支持；另一方面也可以在与他们的沟通中获得更好的建议，不断丰富自己的认知。与同行或者领导保持密切联系，可以互通有无，从而拓宽教师培养的思路和方法。

3. 加强与园所的沟通

教研员培养教师不能闭门造车，也不能单打独斗，要学会与人合作。教研员不仅要保持与领导、专家、同行的沟通，更要关注与幼儿园的沟通协调。因为教研员培养的教师最终服务于幼儿园、服务于幼儿，所以教研员要了解教师能不能在幼儿园发挥好作用，是否成为幼儿喜欢、家长和幼儿园满意的教师，教师培养是否还有问题等。这都要求教研员要加强与幼儿园的联系，要争取幼儿园的理解和支持，共同对教师进行培养。

第三节　培养效果的评价与跟进

人才培养不是一蹴而就的。现在从中央到地方，各种政策都很关注教师培养问题，并且通过各种措施大力实施人才培养计划。"国培""省培"等各种培训更是比比皆是、层出不穷，让教师有了更多学习和提高的机会。但是有多少人做过培养后的跟踪研究，了解培养后的效果？或者什么样的培养方式是教师喜欢的，也确实给教师专业成长带来最大的收获？大多数人还仅仅关注培养、培训的短期效应，没有关注培养的长期效应，还没有形成对培养结果的实质关注。如果培养没有得到评价的监督，没有跟进效果的检验，是难以说明教师培养的效果的。因此，培养效果的评价与跟进要引起教研员的高度关注。

一、培养效果的评价

培养效果的评价是指从教师培养目标出发，根据培养要求或者标准，通过特定的程序和方法，对教师培养过程的质量和效果进行检测，找出影响培养进程、质量或成果的因素。

（一）评价设计

评价设计可以从几个方面进行思考。

1. 确定评价主体

教师培养的评价主体首先应该是被培养的教师，因为教师是培养的对象，培养是否有帮助，教师最有发言权。同时评价主体也可以是教师所在单位的领导，因为领导比较了解教师的专业水平，而且他们能够随时了解教师经过培养后在实践中的转变情况和效果。另外，评价主体还可以是幼儿、家长和相关研究人员，因为他们可以更加客观地去表达自己对教师专业水平的感受。最后，评价主体还可以是培养者，因为他们依据一些反映教师培养效果的资料、现场表现和以往教师的发展情况进行对比进行评价，也会比较客观和真实。

2. 确定评价要素

教师培养的评价可以从培养内容、培养方式、培养过程、培养效果几方面进行。

3. 确定评价方式

评价方式可以是多元的，可以根据培养标准设计调查问卷进行调查，可以采用作业式评价、实践观摩和交流式评价，还可以根据教师培养标准设计考核表进行评价等。

（二）评价的统计分析

评价收集的信息要经过分类、统计分析。只有对信息进行统计分析，教研员才可能了解培养的效果究竟是什么，形成这种效果的原因是什么，进而了解教师培养的优势和不足，为教师培养方案和措施的继续实施和调整提供依据。评价的统计分析，一方面要发现培养有效的地方，另一方面也要找到问题，但是最关键的是归因分析，特别是对于问题的归因分析。分析要与教师培养前的状况对比进行，尽量客观，避免主观臆断，最好在查找一些文献资料的基础上进行，以帮助教研员了解教师成长过程的特点和规律。例如，根据两年一次区域比赛结果进行统计分析，教研员就可以了解教师在半日活动中的优势和不足，进而结合以往区域和园所培养的方法、内容和教师专业成长理论，了解哪些措施起了作用，哪些措施被忽略了或者没起作用，然后进行改进。

（三）依据评价进行调整与跟进

评价的目的是改进工作，使培养措施更实用有效。所以评价分析后，教研员要根据评价分析适当调整培养目标、培养重点和培养措施，以使新的计划和措施更有利于教师的成长和发展。例如，教研员在比赛中发现教师观察幼儿的意识增强了，给了幼儿更多主动学习和发展的空间。但是教师的支持引导普遍薄弱，问题在于教师对幼儿语言行为的观察并不细致，识别和分析能力不强，那么教师培养就要在这方面加强。再如，在对学科带头人考核后，教研员发现骨干教师普遍在研究成果方面积累不足，那么教师培养就要在这方面有所加强。

二、培养效果的跟进

教师培养效果的跟进，是指教研员不断检验教师培养效果，其检验方式除了评价就是不断关注培养对象，观察他们在成长道路上的思与行是否符合教师培养的目标方向，是否具有先进理念指导下的行为。培养效果的跟进，是对教师培养效果的进一步了解，与评价具有同样重要的意义。

（一）跟进的意义和价值

播种必然要问收获。教师培养效果的跟进如同农民播种和耕耘后对丰收的期盼，其目的是通过跟进了解方案实施、培养机制运行、培养方法运用的情况，判断教师在专业理念和师德、专业知识和能力等各方面是否有所发展和进步。如果没有效果，教研员则要思考原因是什么以及怎样改进。总之，跟进是为了保障培养的落实。

（二）跟进的机制

跟进的机制主要是定人、定制度和定方法：指导幼儿园建立教师培养小组，确定具体负责人员；建立跟进培养的制度和管理办法，使跟进的目标可以得到落实；以多种方式相结合的方式跟进，多角度了解教师发展现状。

（三）跟进的方法

教研员的跟进可以通过多种途径，但最主要的是要与被培养教师所在的幼儿园建立经常性联系。首先，教研员可以定期或者随时与教师的主管领导沟通，了解教师的发展情况和发挥作用情况。其次，教研员可以深入教师的工作和实践现场了解教师教学方面的实际情况，掌握第一手资料。再次，教研员可以建立成长档案，随时记录教师的教学成果和成长过程。最后，教研员可以通过网络和自媒体等随时了解教师的思想动态、问题等。

1. 建立成长档案

教师成长档案用于记录教师发展和成长的足迹。它可以帮助教师有意识地将一些学习、研究成果资料进行收集和梳理，呈现教师发展的轨迹。这一方面可以作为教师发展成果进行保存；另一方面也可以为教研员研究教师培养提供一些宝贵的过程性资料，便于教研员了解教师成长脉络，寻找教师培养的规律。教师成长档案可以有教师的基本情况、个性特点、观摩和反思活动记录、论文、案例、获奖证书、研究课题，等等。

2. 利用网络社交群

信息技术的发展，互联网的普及，让遥远的距离都变得不再遥远，让人们可以便捷地进行网络沟通和交流。教师培养可以借助网络社交群进行跟进，例如为教师建立微信群，便于教师随时与骨干教师互通信息，进行思想和专业的交流。教研员可以在交流中了解教师的发展情况、问题和需求，随时进行答疑解惑和指导等。

3. 经常与园所沟通

经常与园所沟通，让幼儿园了解教师在区域的学习情况和一些具体要求，便于在教研员无法一一跟进教师的培养效果时，幼儿园可以了解教师所学和在实践中的运用情况。教研员还要与区域互相沟通，使区、园能够携手培养教师，跟进教师的成长，使培养落实到教师的工作实际中。

4. 跟进实践研究

区域教研员进行实践研究的跟进其实非常不容易，特别是在教师队伍比较庞大的区县，但是不跟进又难以获得教师培养的实效。那么如何做到实践研究的跟进呢？一方面，教研员可以做到对一些重点教师群的跟进，比如对骨干教师、业务干部的跟进；另一方面，教研员可以引导幼儿园对一些其他层次的教师进行培养跟进，哪怕跟进不了全部，也要跟进其中一部分，使培养能够落到实处。

经验分享

北京市西城区区园联动研修机制一瞥

北京市西城区教育研修学院　左晓静

每学期初都会有幼儿园主动向我自荐成为主体园，邀请区研修小组进入班级开展区园联动研修活动，并且经过系列研究收到了良好的效果。又到了开学季，我热切地期待着这次自荐的园所。

两周过去了，开学工作就绪后，北海幼儿园主抓业务的王副园长主动与我联系，表达了想做这学期区园联动研修主体园的愿望。我知道他们园承担着很多对外观摩、接待和课题研究任务，工作负担重、压力大，我担心他们忙不过来。但是，王副园长非常坚定地跟我说："没问题！我们愿意开放，愿意跟姐妹园一起研究，再忙也会坚持做好教研！"面对她坚定的态度，我非常高兴地给予鼓励。

在第一次沟通中，我重点询问："你们想通过区园联动研修解决什么问题？你们有什么需求？"她回答："经过上一阶段区里半日评优的研究历练过程，我们看到了大家付出的努力和自身的优势，同时也发现了目前各班普遍存在的问题，就是跟不上幼儿区域游戏活动的有效指导，致使幼儿的发展不足。尤其是关于游戏之后的分享活动，很多教师都特别用心地组织，但总是把握不好。所以我们想重点突破游戏后的分享活动如何有效开展。"

结合他们的想法，我开始思考三个问题。第一，关于区域游戏后的分享活动，很多园都存在类似问题。例如，教师常规性地以集体形式组织分享活动，形式化地请几名幼儿到前面说说，简单地与发言幼儿进行一对一互动，象征性地问所有幼儿开不开心，习惯性地以没有时间为由拒绝仍在举手想要表达的幼儿……所有这些都导致相当一部分幼儿"开小差儿"，使幼儿缺乏真正的参与、有意识的倾听、主动的思考、充分的表达和有意义的同伴互动，没有达到分享活动的真正目的。第二，借助这所园的实践现场，围绕大家共同关注和感到困惑的问题展开研讨，容易形成互学共研的氛围，有助于调动每一位教师的内在需求，也可以较好地以一所园的实践研究带动更多园的反思和行动。第三，关于这一问题，我区已有幼儿园进行了先期的研究，也积累了一些经验，将大家汇聚一堂可以实现思维碰撞和经验共享。综合这三点，我认为开展区园联动研修的条件已经具备，即有内在需求、普遍价值和共享经验。

经过第一次沟通，幼儿园明确了想要解决的主要问题，但缺少具体内容和解决方法。于是，我又同幼儿园进行了第二次沟通，重点询问："围绕这一问题，教师有哪些想法？在实践中的具体表现是怎样的？园本研修打算怎样开展？想要通过研修提高教师的哪些专业能力？另外需要区里提供怎样的支持？"我力图通过这一组问题促使幼儿园领导深入思考此次区园联动研修的目的，将实践中的问题与教师的专业发展和园本教研挂起钩来，以强化幼儿园的主体地位。随后，王副园长带领业务干部对各年龄班组进行调研，了解到教师普遍感到组织集体分享活动应该聚焦问题并帮助幼儿总结提升经验，但幼儿的游戏是个性化的自主活动，那么如何组织才能让每一个幼儿都主动参与其中并获得更大的发展？针对这一问题，我和干部们共同讨论制订了初步的园本研修方案，详细讨论了第一次现场研讨计划，并决定由她们的一位干部承担现场研修的主持人，具体分工是这位干部主要负责组织本园教师的研讨，我主要负责各园教师之间的互动研讨。后来，在每次研修活动之前，幼儿园都会先拿出干部们讨论出的研修计划初稿，与我就具体的研讨问题、环节和步骤进行讨论，从而形成更加清晰具体的活动计划。

在第一次现场研修中，大家重点围绕三个问题展开观摩与研讨：首先，在观摩幼儿区域游戏和分享活动、倾听北海幼儿园教师表达想法的基础上，围绕"我们为什么存在这样的问题"进行分析，了解大家真正纠结和顾虑的东西，剖析大家在认识上存在的误区，进而找到困惑背后的原因和症结。这一步很重要，重在引导教师进行自我分析和反思。然后，大家共同聚焦"为什么在游戏之后组织幼儿进行分享活动？这对于幼儿有哪些发展价值"这一关键问题进行深入讨论，重在帮助大家跳出分享的形式去思考背后的目的和价值追求。接下来，大家再继续探讨"开展分享活动时我们应该关注什么"，重在将幼儿主动学习循环"计划—操作—回顾"的相关理论与教师的教育行为对接，帮助大家深入理解其中每一步的价值，进一步跳出分享活动回到幼儿主动学习的整个循环中去把握教师指导的适宜性和有效性。在此过程中，负责主持的业务干部重点参与本园教师的研讨，我则重点激发参与园教师思考、表达和提问，北海幼儿园的王副园长和其他干部也积极参与、适时补充。在我们的通力配合下，教师的研究主体性得到了较好发挥。

  第一次现场研修之后，北海幼儿园的干部马上将现场的反应和效果汇报给柳园长，得到了园长的认可和支持。然后，她们又通过行政教研部署了下一步实践跟进工作，由干部们分工落实，开始在日常下班指导中主动去了解教师的后续思考和行动，还鼓励和支持骨干教师积极调整、大胆尝试新的做法，并在园本教研活动中组织更多的教师进一步结合理论、实践展开研讨，较好实现了日常指导与教师行动、理论与实践、区域研修与园本研修的进一步对接。实践证明，这一做法具有重要意义。业务干部的及时跟进与有力支持是促进园本研修深入开展和区园联动研修落到实处的重要保障。

  后来，我们又连续开展了四次研修活动，分别围绕"幼儿喜欢什么样的分享活动""如何基于幼儿的兴趣开展满足他们个性化需求的分享活动""如何在主动学习的循环中理解做计划对于幼儿的意义""不同的幼儿是如何学习做计划的""如何针对不同幼儿的发展现状提供适宜和有效的支持"等问题进行了深入观察、分析和讨论。各园教师各抒己见，大胆表达，相互质疑，贡献智慧，形成了学习与研究的共同体。通过一系列的研修活动，我们逐渐认识到不同的幼儿在主动学习循环中的起始点是不一样的：有的幼儿是先操作后有想法，然后在回顾中才会对下一次活动产生计划意识；有的幼儿是先有初步想法后在操作中调整想法，再在回顾中产生新的计划；还有的幼儿在回顾时才开始反思自己的操作和之前的想法，再思考下一步计划……因此，不同的幼儿是在这个循环中的不同环节开始主动学习的。教师需要为每个幼儿提供充分体验和经历这个主动学习过程的时间和空间，并针对不同幼儿的不同起点提供不同的支持，进而帮助幼儿将计划—操作—回顾—再计划联系起来，逐渐形成主动学习的意识和习惯，再在幼儿不断尝试、体验、发现问题和解决问题的过程中逐渐提高其主动学习的能力。

  令我感动和欣喜的是，在每一次现场研修之后，北海幼儿园的干部都会带着教师到实践中去尝试、反思、调整、跟进指导、及时总结。其他参与园的干部和教师也将所学带回到班级实践和园本教研中进行尝试和研讨。学期末，我请主体园的干部和教师代表在研修总结会上分享他们的研究案例和经验，帮助参与园的教师细致了解他们的研究历程，进而实现研究经验的推广和转化。经过两个学期的连续研修，越来越多的幼儿园开始围绕这些关键问题开展园本教研，越来越多的教师开始在日常实践中针对自己班幼儿的特点和需求进行观察和调整。所有这些又督促着我坚持不懈地提高自己、支持大家。就这样，区园联动研修的效果开始显现，以区促园、以园带区的"双效合一"模式正在形成。

经验分享

我们在"研生""研学"中携手同行
——北京市半日评优活动的思与行

北京市西城区教育研修学院　陈　立

2015年在北京市半日评优活动中，我区取得了优异的成绩，这可能归功于我区近些年对骨干教师系统的培养机制。

一、积跬步，为行千里——让优秀教师有的可选

骨干教师队伍建设和好教师的涌现不是一蹴而就的，这需要长期培养和锻炼，需要一点一滴的积累，这也是我们区域教研员的职责所在。然而，我们却常常遇到这样的问题：刚刚培养得有点效果了，教师就变成管理者或者被调走了。曾经有段时间，我区骨干教师数量有限，名教师凤毛麟角。

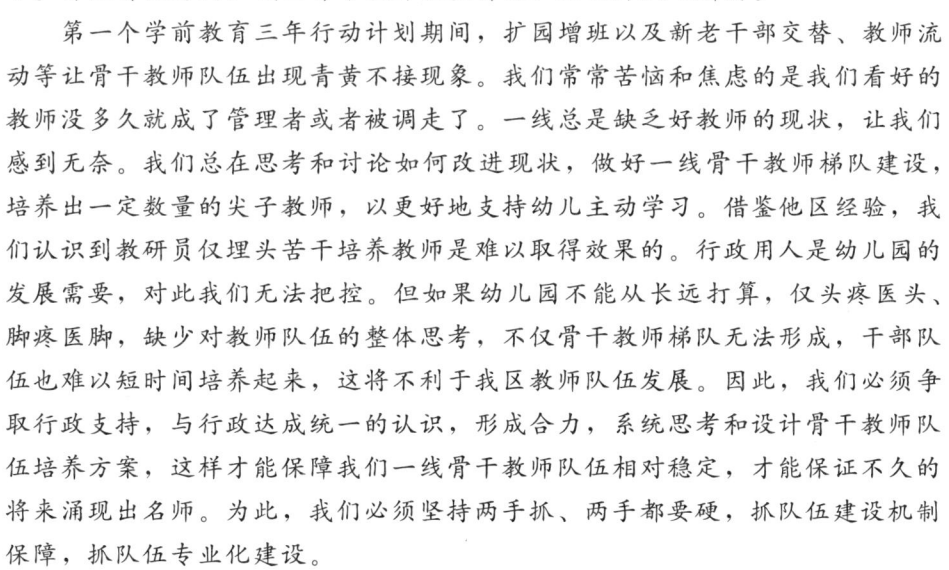

第一个学前教育三年行动计划期间，扩园增班以及新老干部交替、教师流动等让骨干教师队伍出现青黄不接现象。我们常常苦恼和焦虑的是我们看好的教师没多久就成了管理者或者被调走了。一线总是缺乏好教师的现状，让我们感到无奈。我们总在思考和讨论如何改进现状，做好一线骨干教师梯队建设，培养出一定数量的尖子教师，以更好地支持幼儿主动学习。借鉴他区经验，我们认识到教研员仅埋头苦干培养教师是难以取得效果的。行政用人是幼儿园的发展需要，对此我们无法把控。但如果幼儿园不能从长远打算，仅头疼医头、脚疼医脚，缺少对教师队伍的整体思考，不仅骨干教师梯队无法形成，干部队伍也难以短时间培养起来，这将不利于我区教师队伍发展。因此，我们必须争取行政支持，与行政达成统一的认识，形成合力，系统思考和设计骨干教师队伍培养方案，这样才能保障我们一线骨干教师队伍相对稳定，才能保证不久的将来涌现出名师。为此，我们必须坚持两手抓、两手都要硬，抓队伍建设机制保障，抓队伍专业化建设。

带着我们的思路，我们加强与教委学前科的沟通，为骨干教师培养进言献策，并努力通过多种途径和方式推动方案和计划的落实。

（一）系统规划——区、园、个人目标达成一致

①制订区域一线骨干教师培养方案，包括要求幼儿园做好骨干教师和干部

队伍培养规划。

②召开骨干教师培养联席座谈会，与学前科共同听取幼儿园对方案的修改意见和调整方案，达成骨干教师培养的共识。

③召开示范园队伍建设培养经验交流会，要求每所幼儿园制订详尽具体的骨干教师培养方案，列出3年内骨干教师培养名单（一、二梯队）和骨干教师基本的培养方向。

④将名单上的骨干教师全部纳入区教研员所带的名师工作室重点培养。

（二）培养跟进——保证规划落实

1. 区域研修的系统设计——研修课程化、课程主题化

围绕落实《3—6岁儿童学习与发展指南》精神，以解决教师实际问题为核心，以某一学科或者内容为载体进行系统研修，注重观念向实践行为的转变、研究能力的培养。

2. 日常培养的持续跟进——区园联动、养用同步

不断"研生、研学、研教"，转变教师"以教定学"的视角为"以学定教"，不断改变实践行为，顺应幼儿成长规律，支持幼儿的主动学习和发展，让幼儿发挥自身的潜能；不断搭建锻炼平台（学科带头人大讲堂、参与青年教师培训等），要求骨干教师将所学带回园里，不仅改进自身实践，同时也要发挥示范引领作用，分享学习所得，带领青年教师进行研究，形成逐层培养机制，既强化骨干教师责任，让骨干教师得到学习、锻炼和提高，又能够带动园所青年教师的成长。

3. 幼儿园的真抓落实——落实计划、建立档案

幼儿园按照区域要求、骨干教师的培养计划有重点地培养骨干教师，根据需要制定骨干教师培养制度（首席教师制），为骨干教师搭建锻炼平台（园所名师工作室、教研组）。区、园共同指导教师建立成长档案，梳理成长足迹，掌握发展脉络，激励其不断成长。

4. 培养效果的监控指导——考核评价、自我反思

骨干教师每年要填写学科带头人、骨干教师履职考核表，上交履职总结，系统反思自己的履职情况，增强责任感，不断发挥骨干教师的带头作用、引领作用。

5. 区园经常沟通——教师成长你知我知

以前，在教师被推荐到区里后，培养就是教研员的责任了。因为幼儿园不了解骨干教师学了什么、怎么学的，所以常常难以看到效果。现在教研员通过打电话、下园、发微信等各种方式加强与园长的沟通，了解教师的学习情况，了解教师在园发挥作用的情况。有的幼儿园也专门组织骨干教师汇报会，请教研员去指导，促进相互学习和交流，增强骨干教师的责任意识。

这种系统构建的尝试，让骨干教师培养得到全区各个幼儿园的高度重视。各园骨干教师梯队逐渐建立起来，每个园都能出一些好教师。一线骨干教师的数量得以保障，能力得到不断提高，为我们选出代表西城区最好水平的教师参加这次评优奠定了优中选优的基础。同时，这样的机制也为我区教师可持续发展奠定了基础。

二、精研究，为达梦想——让实践成就幼儿和教师的发展

在贯彻和实施《3—6岁儿童学习与发展指南》的背景下，我们需要进一步审视实践中的惯常做法，增强教师的研究意识，发挥一线教师的创造性。因此，我们将此次评优过程定位为倾听教师的想法、解决教师的困难、提升教师的教育理念和实践智慧、成就幼儿和教师的发展的过程。在每一个环节，我们都形成了开放民主的研讨氛围，群策群力、集结智慧，无论最后参赛的教师还是参与的教师，都得到了提高。

（一）区园联动，评优选手的层层选拔

关于什么样的教师能够代表全区参赛，能够反映西城区这几年学习落实《3—6岁儿童学习与发展指南》的研究成果，我们与学前科合力进行了整体谋划。我们将参赛的过程作为"研生""研学"，促进教师专业化的过程，既遵照"校校精彩、人人成功"，给每所园、每位教师公平参与的机会，又希望通过层层筛选选拔出3位参赛选手。

1. 西城杯赛的热身准备和筛选，营造区域共同研讨的氛围

北京市评优的准备其实从2015年3月就启动了，这为我们以评优促提高创造了较充裕的时间和空间。早教所带领部分专家研制的市评优标准，恰巧为我们两年一次的西城杯半日评优标准的制定发挥了指导和借鉴作用。我们把比赛的过程作为一次全区进一步理解和贯彻《3—6岁儿童学习与发展指南》的学习、研究过程。我们反复推敲和打磨，制定了更为具体详尽的区半日评优标准，让幼儿园和教师在标准改革过程中有更具体的抓手和方向。标准最大的变化是把集体教学改成了"学与教活动"，把分数权重与其他三类活动拉平，强调一日生活都是课程，强调科学合理地设计半日活动，鼓励幼儿园进行突破性探索尝试。比赛方式是园内赛—片区赛—区决赛，通过三轮赛事推出参加区决赛的佼佼者。在西城杯赛上，全区幼儿较普遍的自由、自主、自信、快乐游戏和专注学习的状态，以及幼儿园和教师为幼儿自主发展创造的丰富环境、宽松氛围，让我们感动！决赛选手反映出骨干教师的一些综合素质。赛事诞生了两个特等奖、14个一等奖。

2. 特等奖、一等奖暑期培训筛选，针对主要问题开展深入研究

为了进一步提高骨干教师的专业水平，根据西城杯赛教师的优势、不足，

我们精心策划了假期近30课时的培训。培训目的有3个：提高教师根据幼儿实际需要和发展目标科学合理创设环境、设计半日活动等专业能力；培训内容涉及课程认识、学情分析、区域游戏指导、教改形势、开学环境创设思路等方面。观察员将在这些互动式培训中考察选手的反应情况，包括观念、专业知识和能力、思维、心态等，最终从这里选出各方面素质最高的6所幼儿园的6位教师。

3. 实践考察、指导、再筛选，实施个性化指导

教研员可以从开学工作的教师半日实践活动中看教师的观念、课程意识和实施能力。开学伊始的深入实践以及实践后的集体反思，让我们很佩服这6位骨干教师。但是因为名额有限，根据对市评优标准的反复推敲，对6位选手及其幼儿园情况的综合分析，我们最终选出最能代表西城区的3位选手参加北京市评优展示。

（二）区园携手、共同指导

要想在较短时间内给教师最大、最有效的支持，我们先要厘清指导的思路。虽然有研究和实践表明，一对一的指导对教师专业成长最有帮助，但区教研员不可能总是一竿子插到底，每天对教师进行观察和指导。所以我们确定的指导思想是更多依靠幼儿园，尊重教师自身发展的主体性，在指导中处理好教师自主发展与我们指导的关系。

1. 召开参赛动员会，学习评优标准

我们帮助幼儿园了解评优的意义、理念和方式，把握参赛机会，以备赛和指导选手的研究过程为契机，带动全园质量整体提升。会议强调过程中的学习锻炼，不给幼儿园和教师提过高要求，只要发挥出最好水平即可。

2. 根据选手现状共同制订指导方案

我们与业务干部、教师共同依据半日实践分析选手的优势和不足，制订有针对性的指导计划，确定区、园、个人三方的责任和任务，并进行充分讨论和分享，互相学习和帮助。例如，北海幼儿园的麻老师刚走上教师岗位之前一直在助教岗位工作。在这次评优中，她能够从园、片区、区决赛中一步步脱颖而出荣获特等奖，成为一匹黑马，有她自身的优势和能力。接下来她要参加市评优，与全市各个区县最优秀的教师同场竞技，这对于工作经验和参赛经验都不够丰富的麻老师来说是个很大的挑战。对此，我们虽然有几分忐忑，但更看重的是她所带的班表现出的自然、真实、宽松、和谐的师幼关系和班级氛围。针对这样年轻的教师，我们结合几次进班观察与研讨的情况，首先以欣赏和信任的态度发掘她自身的特点和优势（例如谈吐大方、尊重幼儿、应答自然、敢于放手、勇于尝试等），再耐心以理解的态度帮她梳理不足（如善于个别化互动，

但缺乏有效的集体组织策略），进而明确改进方向，确定指导思路，即在保护激情、鼓励尝试、激发创造的同时，加强对幼儿的观察、分析、判断与回应方面的研究，重点突破在幼儿个性化表现基础上组织分享与讨论的有效策略。同时，我们指导幼儿园制订指导方案，加强对教师的观察与分析，加强日常研讨基础上的指导反思与有效调整。

3. 分工合作、个别指导，提高教师观察、读懂、支持幼儿的能力

3位教研员分别负责与3位选手和幼儿园联络和个别化指导，1人主要负责所有选手的户外活动指导。当定好实践指导时间时，我、沈老师和其他教师分别参与其中共同观察教师半日实践，共同帮助幼儿园和教师解决实际问题。

4. 基于幼儿的兴趣需求，发挥教师优势，准备展示活动

半日活动设计可以激发幼儿兴趣、支持幼儿主动学习、发挥幼儿潜力，也能展现出教师的研究成果和优势。因此，在备课过程中，我们更多听取教师自己的想法，帮助她们将幼儿的学情、半日活动设计和可能出现的行为分析得更全面和细致，以帮助教师在现场更好地发现幼儿的需要、支持幼儿主动学习，与幼儿互动。

5. 鼓励教师放平心态，把心放在幼儿身上，减轻参赛压力

我们不对结果有更高要求，更注重过程的把握。虽然教师第一次参赛有些紧张，但还是正常发挥了自己的水平，给了幼儿充分的自主游戏与学习的空间，并在充分观察的基础上及时回应幼儿，支持幼儿的发展。幼儿在游戏和活动中表现出自己的想法、做法、对事物的认识，自主学习，灵活解决问题，发挥自己的潜力，向着目标迈进。

三、慢下来，静待花开——做教师成长的铺路石

幼儿的发展有其自身规律和特点，有自己的成长节奏，所以我们应在引领幼儿园和教师在不断地深入"研生""研学""研教"的过程中，努力尊重幼儿的发展规律，学会耐心等待，学会陪伴，学会倾听花开的声音。这样，幼儿的潜力才能充分发挥出来。其实，教师何尝不是如此。尽管评优过程让我们知道，我们的教师还很年轻，她们虽然努力学习和研究，但在读懂幼儿、支持幼儿主动学习等专业能力方面还有很多不尽人意、有待提高的地方，这都是教师成长过程中的正常现象，是她们必然经历的发展阶段。教师一样需要我们静待花开的心态，需要我们尊重和陪伴她们成长。我们要做好铺路石，让教师从曲折不平的小路走上平坦大道，让她们因为我们的存在而感到幸福！相信我们共同的梦想会在区园继续携手、共同研究中逐步实现！

总之，教师培养是一个系统工程，它需要教研员系统思考，并运用现代的科学方法和基本的决策技术，把教师发展过程中的问题及其有关情况分门别类进行归纳梳理，把握各要素之间的内在联系，用全面、整体思考和设计的方

式，针对主要问题、主要情况和全过程，运用有效工具，利用各种资源，建立有效机制去全面分析和处理，使教师的培养有的放矢，避免疏漏和偏差。同时，教师培养也需要我们结合社会大背景去思考，因为教育是为社会发展服务的。社会发展需要什么样的人才，教育就要为培养这样的人才准备好教师。例如，2016年9月，我国颁布了《中国学生发展核心素养》，其中提出，以培养全面发展的人为核心，分为文化基础、自主发展、社会参与三个方面，综合表现为人文底蕴、科学精神、学会学习、健康生活和责任担当。这为人才培养指明了方向。虽然学前教育领域没有明确提出核心素养，但是《幼儿园教育指导纲要（试行）》《3—6岁儿童学习与发展指南》中的一些原则、目标等也已涉及这方面内容。作为教研员，我们如何将这些信息与教师培养建立起联系，帮助教师了解国家教改方向、做好幼小衔接？我们又该如何培养自己和教师？"学为人师，行为示范""身教重于言教""要学生做的事，教职员躬亲共做；要学生学的知识，教职员躬亲共学；要学生守的规则，教职员躬亲共守"等名言说明，唤醒学生的生命自觉不只在于说，更在于教育者的做。因此，核心素养背景下的教师教育也要注重培养教师的核心素养，这样才能使教师培养与未来人才培养的方向相一致。

第五章 研究与改革

研究，是教研员日常工作的主要内容，也是教研员保持和提高专业能力和水平的重要途径。教研员的研究既包括立项科研课题的研究，也包括带领园所、教师围绕当前需要解决的问题分阶段开展的研修活动，还包括为了更好地推进区域工作所开展的调研与分析等工作。通过各种形式和内容的研究及推广活动，教研员在实现自身专业能力提升的同时，也在推动和引领幼儿园教师专业水平的提升。带领园所、教师开展研修活动是教研员研究活动中的重头工作，是本章探讨的重点。至于立项科研课题的研究及为更好地推进区域工作所开展的调研与分析的方法，由于相关教育科研方法的书籍一般都会涉及，所以本章不做重点陈述。

第一节 研究活动的组织与实施

一、研究内容及形式的选择

研究内容及形式的选择是开展研究的重要环节，它决定和影响着教研员开展的研究活动能否解决教育实践中的问题，能否帮助推进教师和教研员的专业成长。因此，在开展研究之前，教研员应做好研究选题的调研和选择，使自己的研究能够发挥应有的作用。

（一）从教师困惑中引发研究意向

1. 在对话中发现

教研员有很多机会与教师交流。教师的表达会流露出现阶段教育实践层面存在的问题，这些问题有可能成为教研员研究的选题。

教研员可以以自身对某些问题的了解和察觉为基础，有意识地选择与教师交流的话题，可以相对集中地了解到教师在这方面的已有经验和认识，通过追问的方式引导教师充分表达，以便获取更丰富和清晰的信息，从中发现和寻找可以研究的点。例如，有的教研员在几个幼儿园都发现一些教师在游戏的时候始终蹲在幼儿身边不时地和幼儿交流。教研员认为这种行为可能会在一定程度上影响幼儿自主探究和思考，于是在与教师交流时就特意提到这个现象，向教师询问这么做的原因，了解到教师是出于"我担心孩子不会玩才在他们身边"的想法才采取的"蹲守"策略。教研员意识到这是一个普遍问题，于是产生了研究"游戏的有效指导"的意向。

2. 在文字中发现

教研员在参与幼儿园视导、评估过程中会接触到大量的文字资料。这些文字资料记录了幼儿园各项工作的计划、实施以及总结过程,也记录了教师专业发展的轨迹。阅读文字资料能够帮助教研员全面地了解和认识幼儿园的发展现状和工作内容。文字包含的信息非常丰富,更能体现某一方面工作的连续性,特别是过程性记录能比较真实地反映幼儿园日常的工作内容与方法。

教研员查看教研活动记录、教师备课本、观察记录、业务干部下班级记录等反映幼儿园日常教育教学工作情况的文字,从中可以发现一些情况,从而为自己的研究提供方向。例如,一位教研员在本区幼儿园年度考核中,发现多所幼儿园教师的备课本存在着"批阅痕迹不多"的现象,经过交流发现多数新任的业务干部存在"看不出哪里写得不好""担心批多了教师不适应或有意见"等不自信及缺少指导方法的现象。教研员经过思考和设计,带领新任业务园长开展了"如何批阅备课本和指导教师备课"的研究,在让这个问题得到有效解决的同时也提高了新任业务干部的专业指导能力。

经验分享

指导园本教研从计划制订开始

北京市东城区教师研修中心　孙红芬

俗话说"事想明白了才能做明白",这句话也同样适用于园本教研活动。教研现场出现的诸如"被教师带跑偏"等问题都可以追溯到计划制订之初没"想"明白。教研员该如何指导才能发挥园本教研应有之用?

鉴于"想"之重要和我对学区12所幼儿园的实际指导现状,同时我也相信园本教研计划会最大限度地呈现教研组织者对园本教研定位的把握、对研究问题的理解深度以及对教师需要和问题解决方式等内容的认识与思考,所以批阅园本教研计划就成为我指导工作的第一步。

就教研计划本身来看,12所幼儿园的主要优势在于基本格式规范,即每份计划都至少包括了现状分析(含优势与不足)、研究目标及重点、具体措施及逐月安排三部分内容,但同时也主要存在以下问题。

第一,教研定位偏颇。有的幼儿园选题只为打造园所特色或者积累科研成果。例如,学区12所园中有3所园的教研主题是园长为打造特色而做的,有4所园是专为科研开发案例而做的。这忽略了影响园所质量提高的关键因素以及教师在践行《3—6岁儿童学习与发展指南》中的"眼前"困惑。

第二，系统思考不够。计划的各部分内容关联性差、缺乏逻辑，有堆砌之嫌。例如，某园上学期的研究内容是"活动区常规"，下学期是"教师解读幼儿的能力"，围绕后者重点提到"幼儿的规则意识逐渐形成""年轻教师开始尝试发表自己的见解，成为研讨活动的一员"等上学期内容，并没有着墨于下学期的"解读能力"主题，没有分析本园教师在解读幼儿行为方面已经具备的经验及不足，让研究失去了事实依据。

第三，核心问题理解不透。该问题具体表现为表述用词含混笼统、问题归因错误、研究内容缺失、措施无针对性等。例如，某园某学期围绕教研主题培养幼儿自理能力，在现状分析中认为"幼儿经过一学期自理能力方面的培养，初步形成了自理意识，掌握了基本的自理方法，但在自理能力方面缺乏有序性"。这些描述不能清晰地勾勒出幼儿在自理意识方面已经有了哪些行为表现、幼儿掌握了哪些自理方法、自理能力的有序性具体指代什么等，所以后续的教研目标"引导教师关注幼儿自理能力的发展现状，采取有效策略提高幼儿自理能力"和研究重点"如何培养幼儿自理能力的有序性及引导教师运用研究方法解读幼儿"就更为模糊、缺乏操作性。

面对园所在园本教研计划制订中的共性问题，我通常会从中筛选出1～2份典型计划，在与当事人沟通的前提下，将其作为学区教研组织者园本教研计划交流会的分析案例。通过与当事园还原园所现状的对话，12所园的组织者集体修订出"理想的"园本教研计划，并规定了有助于写计划的新格式，如开篇要先写出研究主题等，力求让组织者在学与习的活动安排中领会计划制订的要义与方式。以此为基础，之后我更多利用书面批阅和面谈的方式来解决计划中的个性问题。随着教研活动的开展，我会不定期参与到各园的教研现场中或者组织学区的园本教研展示等活动。我相信，在我们的共同努力下，园本教研活动终会"得始终"。

3. 在实践中发现

教育实践中存在着很多需要经过研究才能解决的问题。对于有些问题，教师已有察觉，而有些问题特别是一些司空见惯的做法和想法容易被教师忽略，这就需要教研员有敏锐的观察力和判断问题的意识和能力。教研员要通过对生活、游戏、教学、锻炼等环节的观摩，特别是对幼儿活动、教师言行、玩具材料等的观察和分析，用专业的眼光审视实践中的点滴，从中发现需要研究的问题。

(二) 在教学现场发现研究重点

1. 在观察中发现共性问题

观察是发现问题的关键，因此养成细致观察的习惯是教研员应具备的素养。置身于教学现场，教研员可以从环境、材料、幼儿、教师等几个方面进行观察，要格外留意一段时间内不同幼儿园出现的类似现象。教研员应结合自己的专业发现并判断这些共性问题，从而确定研究的重点。例如，一位教研员在多所幼儿园发现当前大部分青年教师在幼儿游戏时急于介入、盲目指导的现象比较突出，于是这位教研员带领部分青年教师开展了"如何在游戏中观察幼儿，通过有效互动促进幼儿发展"的专题研究，帮助青年教师明确观察的重要性，了解并掌握观察的方法和指导策略。

经验分享

什么是恰当的介入时机
——立足于研修现场的观察与引领

北京市东城区教师研修中心　闫化宇

教研员组织研修活动，很多时候必须依赖教育现场。教研员带领教师走进活动现场，从鲜活的师幼互动中感受并发现教师的困难与问题，并依托现场找到解决问题的方法，是对教师有益的支持，也是非常有效的研修方法。

带领教师依托活动区游戏现场开展研修，对教研员提出了很高的要求。教研员既要像教师一样看环境，看材料，观察幼儿如何与材料、同伴互动，还要看教师，观察教师是如何与幼儿互动的，以及教师是如何观察幼儿的游戏并如何参与其中发挥作用的。

教师往往不会忽略掉一种幼儿，就是遇到问题能够主动找教师寻求帮助的幼儿。"老师，你帮帮我。"一个正在玩着桌面百变积木的幼儿发出了请求。跟随幼儿稚嫩的声音，张老师来到幼儿的身边。在了解到幼儿是因为无法通过参看图示进行搭建时，张老师尝试引导幼儿通过旋转等方法进一步了解图示的搭建方法，于是幼儿按照张老师的指引进一步尝试。之后张老师把目光转向其他幼儿。

然而，教师往往会忽略掉一种幼儿——看起来，他们选择了自己想玩的材料，也很专心地在活动，既不寻求教师的帮助，也没有频繁地变换活动材料，似乎没遇到什么困难和问题。教师的目光自然也不会投向他们。可是，教研员在观察中有了不一样的发现。张老师投放的材料是已经废弃的小方块，但是她巧妙地设计了一定的结构，给幼儿不同的图示，要求幼儿不仅要按照图示摆出来，还要数出有多少块。有一个幼儿摆对了，他一张接着一张继续玩，但是在计数的过程中做错了。张老师没关注到这一情况，自然发现不了。静下心来观察的教研员发现了，于是她请幼儿找出一张图示说："咱们俩一起摆一摆，再一起数一数，看看一样嘛。"教研员和幼儿数出来的结果不一样！"再数一遍试一试!"教研员发现了幼儿在计数过程中的困难,建议他换一种计数方法。"这回一样了。"幼儿高兴地继续玩。一旁张老师的目光追随着教研员,看到了这样的过程,也意识到了问题所在。

刚才那个寻求帮助的幼儿的问题解决了吗?张老师又回到他身边定心观看,发现还是有问题,看来图示对幼儿的空间知觉能力是个挑战。何不降低难度,让幼儿获得成功体验?张老师看着皱眉的幼儿,索性换了一种方法。"你可以用你自己想搭的方式完成它,不一定非按图呀!"幼儿的表情一下放松了,如释重负,好像在说"我终于可以按照自己的想法来了"。

"什么是恰当的介入时机?"这是一个贯穿区域游戏指导始终的问题。借助这样一个现场,张老师体会到很多:不寻求帮助的幼儿并不是没问题;对寻求帮助并被给予帮助的幼儿也要适时地"杀一个回马枪",看看幼儿的困难解决了没有。教研员用自己的观察与指导给教师做了一次示范。

2. 在参与中体会教师的需要

教研员在指导幼儿园的过程中经常被邀请参加幼儿园的园本研究、教育实践或者教学评价等活动。在近距离观察教育实践和与教师共同研讨的过程中,教研员可以通过留意并分析教师的各种表达,从中体会教师的专业发展需要。例如,一位教研员在连续参加一所幼儿园关于美工区材料提供的教研过程中,多次听到教师表达"为什么我提供的材料幼儿不选""这个材料只适合大班吗?我们小班能不能试一试?""什么样的材料才能引发幼儿自主创作的愿望?我又如何指导呢?"等问题。教研员察觉到教师对于美工区材料的提供感到困惑,需要理念及方法的支持。于是经过思考与设计,教研员带领幼儿园业务干部对研究重点和方法进行调整,亲自带领教师对现有美工区环境和材料以及幼儿的活动现状进行观察和分析,细致研究幼儿与每一种材料互动的情况,从而发现幼儿的兴趣,发现幼儿的意愿与教师的期望之间的联系和差异,引导教师进行反思并做出调整。

经验分享

对美术活动中教师支持幼儿个性化表达的引导
——走进活动现场,感知教师需求

北京市延庆区教育科学研究中心 宋志欣

我们在一次次的观摩、研讨、再实践的循环观摩研讨中,紧紧围绕"美术活动中如何支持幼儿个性化表达"这一研讨主题,结合教学活动中幼儿的表现和教师的支持策略进行讨论,总结出幼儿在活动中的种种表现、困难,从而找出产生问题的原因。在这个过程中,教师采取走进集体教育活动现场观摩发现、走进教研活动现场研讨碰撞的方式，共同发现问题、剖析原因、寻找策略、验证策略的有效性。

大家第一次走进美术活动现场观摩、研讨……

※教学活动现场

××老师设计组织了一次美术活动"水墨画"，运用水墨画的方式表现苹果。

一、欣赏水墨画

师：小朋友们，老师画的苹果好看吗？老师是用水墨画的，小朋友们也可以像我一样用水墨画苹果。

二、引导幼儿作画

师：苹果是什么形状的？苹果是什么颜色的？画苹果应该先画什么部分？

三、幼儿作画，老师巡回指导

幼儿照着老师画的苹果，在自己的纸上努力画苹果，但幼儿面前只有三种颜色：黑色、红色和绿色。很快，幼儿完成了各自的作品——形状、颜色、大小基本上跟老师画的苹果没太大区别。

四、幼儿相互交流、分享作品

在授课教师的要求下，幼儿相互看着大家刚刚完成的作品，有的眼神茫然，有的却在聊着其他话题……

※教研活动现场

教师：幼儿不自主！

教研员：为什么说幼儿不自主？从哪儿看出来的？

教师甲：授课教师有出示范画的"嫌疑"。

教师乙：为什么不能让幼儿看着真苹果画呢？

教师丙：授课教师提供的颜料颜色太少，不便于幼儿选择和表现。

教师丁：幼儿画的苹果基本上都是一样的形态、一样的颜色……

大家第二次走进美术活动现场观摩、研讨……

※教学活动现场

授课老师进行了一些调整：

①出示真的苹果让幼儿看着画；

②颜料的颜色和种类都丰富了很多；

③绘画工具除了毛笔之外，又丰富了一些。

一、欣赏水墨画，激发幼儿兴趣

师：老师带来了一幅画，小朋友们快看看画上都有什么？

幼：有苹果，有柿子，有橘子，有香蕉，有葡萄……

师：那你们看看，老师是用水彩笔画的吗？

幼：不是。

师：老师是用油画棒画的吗？

幼：不是。

二、引导幼儿作画

师：老师告诉你们吧，这是用毛笔画的。你们以前在美工区也用毛笔画过画，今天我们用毛笔来尝试画苹果好吗？你们拿起桌上的苹果看看，它是什么形状的？是什么颜色的？画苹果应该先画什么部分？

三、幼儿作画，老师巡回指导

幼儿认真地观察苹果，并认真地画苹果。一个幼儿很快画完了一个苹果跑到老师面前……

幼：老师，我画完了。

师：画得真不错，再去画一张。

一会儿，那个幼儿又跑过来……

幼：老师，我画完了。

师：画得又好又快。老师帮你收着，你再去画一张吧。

幼：我都画了两个苹果了，能不能让我画葡萄？

……

※教研活动现场

教师：还是不自主！

教研员：从哪儿看出来的？你们有什么建议？

教师甲：幼儿连续画完两个苹果之后好像就没什么兴趣了。

教师乙：幼儿画完苹果之后应该自由发挥、自由丰富画面。

教研员：授课教师考虑到幼儿的实际生活体验了吗？

教师丙：授课教师可以让幼儿观察不同种类的苹果。

教师丁：授课教师可以让幼儿品尝各种苹果……

教研员：在哪儿观察和品尝？去超市还是去采摘园？

……

大家第三次走进美术活动现场观摩、研讨……

※教学活动现场

在进行此次集体教学活动前，授课教师组织了一次采摘苹果的亲子活动。

一、谈话导入，激发幼儿的创作兴趣

师：我们班上个周末去哪儿了？都干了什么？

幼：我们去苹果园采摘了。

师：采摘苹果的时候，最让你开心的是什么？最让你难忘的又是什么？

幼1：摘苹果比赛最好玩。

幼2：我知道了苹果都是长在树上的，而且一棵树上能结好多苹果。

幼3：我自己摘的苹果可好吃了。

幼4：我还摘了一个长了虫的苹果，哈哈！

……

二、引导幼儿作画

师：我们和苹果之间发生了好多有意思的事情，下面我们用水墨画的方式把最喜欢的大苹果画下来吧。

三、幼儿作画，老师巡回指导

幼儿认真地画了起来。幼儿1画的是一棵大树上结满了五颜六色的苹果；幼儿2画的是和爸爸妈妈一起摘苹果；幼儿3画的是自己怀里抱着一堆又大又红的苹果；幼儿4画的是一个又大又红的苹果上趴着一条绿绿的大肉虫……

※教研活动现场

教师：这次教育活动比前两次有了很大进步。幼儿也越来越大胆，越来越有个性……

教研员：从哪儿看出来的？为什么？

教师甲：幼儿画出的苹果不再是千篇一律的啦！

教师乙：我们能从幼儿的画面中看出故事。

教师丙：幼儿画得很开心。

教研员："艺术来源于生活"这句话不是空的。幼儿通过亲身经历，经历了"故事"，产生了情感，引发了思考，所以幼儿不但有内容可画了，而且各自有各自想画的内容。幼儿在自由创作中实现了个性化表达……

以上是我连续三次参与教育活动和教研活动的经历。通过一次次参与上述活动，我发现了教师教学实践当中存在的问题；通过一次次参与教研活动，我发现了教研活动中教师的关注点以及困惑点。在教研活动中，我结合教师的需求，用"抛问题"的方式帮助教师把握研究方向。我们围绕美术活动中教师忽视幼儿对生活的感受和体验的问题、教师忽视幼儿自主表达愿望的问题、教师无视幼儿独特表达的问题，进行大胆地研讨、实践……在这一过程中，随着教师问题的解决，我也在参与的过程中一点点地成长起来。

> 经验分享

在参与中体会教师的需要
——聚焦教育活动，在"听"中促发展

北京市延庆区教育科学研究中心　康汉泽

"聚焦教育活动"是提高教学质量的一种有效手段。在"聚焦教育活动"的研究中，听的重要性不言而喻。活动中，教师与幼儿之间积极有效的互动、沟通是反映教育活动质量的关键，也是我们听的重点。

在幼儿园语言教学活动中，"提问式教学"成为应用最为普遍的教学方式之一。科学的"提问式教学"可以有效启迪幼儿心智，培养幼儿良好的语言组织与思维能力，提高幼儿的语言表达能力，促进幼儿语言感知与体验水平及认知能力的发展。随着课程改革的不断深入，幼儿园教学的侧重点逐渐转向改变幼儿的学习方式以及增强幼儿自主学习的能力。因此，在语言教学活动中，教师在应用"提问式教学"方式时，应更加关注幼儿的个性特点与认知能力，将幼儿作为教学活动的主体，不断优化自身的提问行为，加强师生互动，尊重幼儿的情感表达与语言表达。因此，教师在语言教学活动中应以教学内容及教学目的为基础，提出具有针对性、时效性的问题，并将诸多问题作为教学活动的引线，引导幼儿进行思维活动，促进幼儿发展。

今天我们走进了一位年轻教师的班级。她组织的是一节大班语言活动"国王生病了"。

教师的表现：

教师出示了图画书的封面图片，并进行了第一次提问："谁生病了？"紧接着第二次提问："旁边的人在干什么？"接下来教师逐页为孩子讲述故事，并结合故事发展的情节，提出了一个又一个单独的问题："床上躺着谁？""坐在旁边的是谁？""他有什么变化？""他会怎么办？""国王为什么会生病？""国王的病好了吗？"……

幼儿的表现：

开始时，幼儿的表现还是比较专心的：看课件，听教师讲故事，回答问题时声音洪亮，多数幼儿都在回答教师抛出的问题。随着故事情节的发展，教师又开始把一个一个单独的问题抛出来，这时部分幼儿不再关注课件，开始和旁边的幼儿聊天，注意力开始转移，回答的声音开始减弱……又过了一会儿，没有幼儿回答教师的问题了，或者所答非所问……

活动后，教师结合自己的教学活动进行了反思"我的活动目标有两个：一是关注细节，通过推理、猜想初步读懂图画书，提高幼儿对图画的理解和描述能力；二是用自己的语言完整表达画面的内容，体验阅读的快乐。我觉得活动过程中我提的问题太多了。我在讲述故事的过程中边讲述边提问，导致幼儿没有很好地理解故事内容，所以这节课距离我预设的目标还有一定的差距，完成得不是很好。"

听完教师的反思后，我及时追问："你为什么觉得你在讲述故事的过程中边讲述边提问会影响幼儿理解故事内容呢？"同时，我鼓励其他教师参与讨论。

授课教师：我提的问题太多了，扰乱了幼儿的注意力。

教师甲：教师提的问题太简单了，使得幼儿很容易就能回答上来，这分散了幼儿的注意力，所以最后影响了幼儿持续听故事和理解故事内容。

教师乙：有的问题跟故事的发展情节没关系，也就是说，教师没有紧紧围绕活动重点、难点提问。

我：听到大家的发言，我很高兴，也表示认同。那么，我们在上这样一节语言活动前，要做什么准备呢？

教师丙：我认为内容的选择和目标的制定要符合幼儿的年龄特点和学习方式。

教师丁：活动内容应是幼儿感兴趣的，并且活动的重点、难点要准确。

教师甲：教师在活动前设计的问题要精练，要紧紧围绕幼儿能够实现的目标，要突破重难点去设计。

我：我们怎么找出大班幼儿的年龄特点和学习方式？

大家：学习《幼儿园教育指导纲要（试行）》和《3—6岁儿童学习与发展指南》。

我：有的教师提到问题太简单，没有挑战性，没有围绕活动的重难点，没有紧紧地围绕教学目标，那么怎样设计问题才有效呢？我们不妨打开《幼儿园教育指导纲要（试行）》和《3—6岁儿童学习与发展指南》找一找理论依据，或者收集一些关于有效提问方面的研究。

教师甲：教师的问题要具有开放性，要能够调动幼儿主动思考、大胆想象、敢于表达。比如，在幼儿观察故事封面的时候，教师可以提问："你在图片上看到了什么？会发生什么事呢？"

教师丙：问题应该有逻辑性，问题的设置要由易到难、由浅入深、层层递进。例如，讲完国王第一次看完医生后，教师可以提问："医生给国王开了什么药方？""国王第一次看完医生后病好了吗？为什么？"

教师丁：教师在设计问题时，必须明确和强调目的性。只有目的明确，才能有效引导幼儿进行思考，并使幼儿掌握相应的知识内容。例如在国王第二次看完医生后，教师可以提问："为什么第二次看完医生后，国王的病就慢慢好起来了呢？"

我：我也有一些自己的想法和大家分享。首先，教师必须明确为什么提问、提问哪些内容，必须明确所提问题是否符合幼儿的个性特点及知识接受能力，是否有助于促进幼儿全面发展。其次，在提问过程中，教师需合理把握问题的难易程度，所提问题要让幼儿"跳一跳"就能答对，但又要保证其通过努力能够回答。最后，教师要尊重差异性。在语言教学活动中，幼儿是学习者，是教学活动的主体，所以教师的教学设计及教学活动均需尊重幼儿的个性差异，尊重并鼓励幼儿在阅读、语言组织、语言表达过程中充分表现自身独特的感受及体验。

在听课的过程中，我首先转变了自己的角色，不再以"检查者、领导者"的身份出现，而以学习者、参与者、合作者、支持者的身份融于教学活动中。我加强听课的针对性，明确听什么、怎么听、听了以后做什么，从听教师的"教"转变为看幼儿"学"；在对幼儿的观察、记录、倾听、解读中了解教师的教；从注重结果到关注过程。教研员要树立研究意识，关注教学细节和过程，对教学活动做出初步判断，帮助教师认识他们的教育理念与教育行为之间的差距。

（三）依研究内容选择研究形式

1. 体验式

体验式的重点是引导教师通过操作和体验，感受及发现相关理念、操作材料、具体方法等的特点，从而使教师与自己的已有经验产生共鸣或冲突，再通过交流和讨论，对某些问题获得进一步认识。例如，一位教研员在带领教师进行"如何使科学区游戏材料支持幼儿的探索"的研究过程中，请教师自行准备材料并亲自操作，从而感受并发现幼儿在使用这些材料进行探索的过程中可能遇到哪些问题以及材料是否能够支持幼儿的探索、是否需要调整。这种体验式研究可以帮助教师更直接地看到、感受到问题，并帮助教师做出适宜的判断。

经验分享

大班户外活动中一物多玩的引导
——体验式教研活动生动有效

北京市延庆区教育科学研究中心　康岩芳

在带领教师开展户外活动中一物多玩的研修活动时，我选用了体验式的研修形式，使教师成为教研活动的主人，在教育理论和教育行为之间开启了一扇大门。

教师认为，户外活动中一物多玩的活动形式对于幼儿来说有着诸多发展价值：激发幼儿参与活动的兴趣；引发幼儿进行主动探索；提高幼儿的创造能力；有效促进幼儿运动机能的发展……但组织幼儿进行一物多玩的实践活动又存在很多问题：教师的"仔细想想""还有没有别的玩法"等指导语形同虚设；幼儿对"一物多玩"的探索依然"原地踏步"。

针对哪些材料更适宜、幼儿运动器械材料玩法单一等问题，我们组织教师进行了"我来玩一玩"的活动，以便使教师通过亲身体验了解幼儿在游戏中的想法和现状，从而有针对性地运用教育策略。我们将现有的绳、包、圈、垫子、水瓶等器械材料都拿出来，让教师亲自玩一玩，像教师每天要求幼儿一样。我们让教师每人选一种材料进行游戏，同时让教师体验哪种材料受欢迎，哪种材料玩法多，玩的过程中遇到了什么问题等。教师利用现有的材料积极行动起来，可我发现不到10分钟他们就没兴趣了。

体验使每位教师身临其境，换位思考，深入各个细节，同时也让教师有很多发现。这时我们组织教师研讨大家在游戏中发现了什么问题及如何调整。

教师甲：一物多玩的游戏材料太重要了。我们的材料圈、水瓶等都能创造出几种玩法，但这些材料缺乏难度和挑战性。沙包除了扔、踢，绳子除了跳就没有其他玩法了，致使教师玩了一会儿就失去了兴趣，所以这样的材料不受欢迎。

教师乙：游戏形式也很重要。一个人独立玩没意思，不如小组合作玩或集体玩高兴。

教师丙：材料的数量需要增加。

教师丁：如果每个人都独立游戏，场地和材料就不够。由于场地和材料有限，幼儿之间容易发生冲突……

我们通过研讨得出以下调整措施：一是要投放丰富的器械材料，可以是非结构的、立体的、可随意组合的、可移动的等，如木块、长凳、布棍、轮胎等；二是要调整游戏人数，结合游戏的需要变一人游戏为小组游戏，使幼儿可自选伙伴、材料进行游戏；三是要改变材料组合方式，允许幼儿选不同的材料进行游戏，也可适当选择辅助材料，从而拓展一物多玩的方法。

在对游戏材料和形式都进行调整的基础上，我们又进行了第二次"我来玩一玩"的体验游戏。教师自由分成四组，自主选择我们投放的木块、轮胎、纸箱、小凳、梯子、平衡木等材料进行游戏。这次教师的积极性比上次还高，到了游戏结束的时候，他们还在乐此不疲地玩。

游戏活动后，我组织教师研讨游戏的感受和游戏存在的问题。

体验式教研活动促使教师从传统意义上的信息提供者、标准答案的发布者或核实者向活动的参与者、体验者和促进者转变。体验式研究活动提高了教师参加研究活动的积极性和有效性，能使教师自主、自愿地参加到提出、分析和解决问题的过程中，积极贡献自己的智慧，促进了教师专业水平的提高。

同时，体验式研究活动能使每位教师体会如何站在幼儿的角度去考虑问题，如何真正体会幼儿的想法和困惑，并分析原因，从而找到有针对性的策略。这种亲身体验和感悟，能使教师在活动中进行迁移，使教师较快地将新的理念和做法渗透到教育教学行为中，在自己的教育实践中进行尝试，并收到了很好的效果。

体验式研究活动过程是平等对话的过程，是轻松愉快的过程。它打破了以往教研活动的常规，使教师能够深入地了解一些活动，深入地了解幼儿，从而为幼儿搭建学习、生活的阶梯，让他们能够更好地成长。

2. 讨论式

讨论是教研员组织研修活动或课题活动最常用的一种形式，目的是通过对问题的讨论，引导教师充分表达观点和想法。这种方式有利于教研员了解教师当前的认知现状，并依此选择下一步的对话策略。通常情况下，教研员需要根据研究的进展情况预设研讨问题，请教师围绕问题展开讨论。这个形式可以最大限度地让每一位参与者表达自己的观点与意见，使大家在交流的过程中相互了解各自的实践经历和想法。

教研员在运用这种形式时，需要注意以下几点。

第一，预设与生成相结合。为了保证研究的延续性，大家讨论的问题一定要提前预设，以便教研员对研究进程心中有数。在研讨过程中，教研员要能随时捕捉一些问题，生成新的问题引导教师思考和讨论。这就需要教研员具备比较强的分析判断能力，能够从大家的讨论中分辨出哪些问题是影响研究内容的关键问题，并快速梳理出问题，反馈给教师。

第二，及时回应教师的表达。在教师围绕问题表达自己的观点时，教研员除了通过倾听努力理解教师表达的含义以外，还需要及时回应教师。回应可以是进一步确认教师的观点，可以是请教师更细致地描述现象，也可以是追问教师促其进一步思考。及时回应教师的表达，可以使一些问题更加清晰，更有助于引领教师围绕研究重点做更深入思考。

第三，注重引发认知冲突。这是促进教师深度思考的重要之处，需要教研员敏锐觉察教师观点和认识上的差异，及时引发多方观点的碰撞，使教师在观点交锋中逐渐厘清认识。同时，教研员要对观点进行梳理、归纳和提升，帮助教师调整认识，促进观念的更新。

3. 辩论式

辩论的目的是通过教师对两难问题的辩论，引导教师自主学习相关理论，寻找并思考能够支持自己观点的论据，锻炼语言表达能力和快速反应能力，同时增强教师对相关问题的理解和认识。教研员采用这种方式需要注意以下三点。

第一，选择适宜的辩论选题。这是辩论式研究的核心。选择的问题应是当前教师共同关心而又存在"两难"选择的内容，如"老师要不要介入并指导幼儿自发性的艺术表现？""当幼儿没有表达需要帮助的意愿时，老师是不是就可以放心让孩子自己玩了？"……辩题的选择体现了教研员对教师现状的观察与了解。

第二，了解正反双方的准备情况。在活动之前，教研员需要了解双方在观点陈述、论据寻找等方面的准备情况，帮助双方充分论证本方的观点，为自己梳理和总结做准备。

第三，在辩论过程中，教研员不做出倾向性表态。教研员作为辩论的主持人，在双方陈述和辩论的过程中，不需要明确表达自己的观点，但要留意双方的陈述，注意捕捉有代表性的意见，在讲评环节可以用上这些信息。

4. 观察式

观察的目的是通过引导教师有目的地对教学现场进行观察，从而对与研究主题相关的现象或信息进行判断和思考，进而促进问题的解决。

观察式研修活动有以下几种类型。

（1）在活动现场进行观察

这需要教研员提前到被观摩的班级进行实地考察并与教师进行交流。例如，在"提高青年教师在游戏中观察幼儿的能力"的研修活动中，教研员到供大家观摩的班级，观察活动区材料及幼儿游戏的情况，根据这个班美工区材料比较丰富且幼儿能够自主选择并能在活动中自主解决问题的特点，设计了"美工区材料对幼儿主动学习的支持作用"的观察重点，引导教师进行有目的的观察和思考。

（2）通过活动视频进行观察

这是指教师通过观看视频的方式对某个问题展开研究和讨论，或者通过观看视频锻炼教师的分析判断能力。用这种方式进行研修活动，需要教研员在众多素材中精心选取与当次研究主题相关的视频片段。必要时教研员可以将几段视频进行剪辑，以突出需要教师重点关注的问题。

（3）通过活动照片进行观察

教研员或教师可以利用照片讲述的方式向大家呈现活动现场，说明自己的发现，阐述自己的观点。这种方式能在一定时间内分享更多教师的发现和思考，有利于教师交流各自研究的过程和结果，并有利于教师就共性问题展开深度对话。

选择这种形式开展研究应注意以下几点。

第一，拍摄或选取能够充分说明问题的照片。

第二，提示教师提前做好讲述准备：主题明确、语言精练、讲述连贯、客观叙述、真实反映照片中的情境。

第三，教研员提前了解教师所准备的内容，并进行指导。

二、研究过程及效果的保障

研究过程直接影响一项研究能否取得预期效果，能否实现通过研究使教师研究能力和水平得以提升的目的。教研员在开展研究的过程中，应特别重视研究过程的科学性和实效性。研究过程顺畅能够有效促进研究目标的实现，能够在研究过程中促进教研员自身及教师研究能力、专业能力的提升，为此，教研员可以进行以下尝试。

（一）引发教师主动参与的意识

1. 任务引领

对于教研员组织的系列研修活动，教研员可以给教师留一些实践尝试或思考的任务，引导教师在日常工作中对研究主题有个性化的思考和尝试，从而增强教师主动参与研究的意识。

2. 对话促进

在研修活动中，教研员一般会安排围绕一个话题或问题进行研讨的环节。在这个环节中，教师需要围绕问题表达自己的观点。在这期间，教研员要预设充分的讨论时间，并认真倾听每位教师的表达，再通过对话引发教师对问题的深度思考和进一步的讨论。

经验分享

对真话，促真研

北京市延庆区教育科学研究中心　　吕春燕

2016年9月27日上午，延庆区学前教育教研员带领我区4位参加北京市农村园长高研班的来自不同层次农村园所的业务干部，一起走进了建园两年的康庄幼儿园，针对中班的一节语言绘本教学活动，进行了现场观摩后的教研活动。本次教研活动的主要目的是在和谐的对话研讨氛围中，通过教研员引领助推，提升业务干部有效组织日常教研活动的能力，并以点带面，整体提升延庆区学前教育业务干部的引领力和指导力。

片段一：鲜活现场，为"有话想对"提供源泉

早晨9点，我们教研员、业务干部和康庄幼儿园各班班长，一起观摩了中班韩老师组织的语言绘本教学"玩具火车轰隆隆"。韩老师运用多种方法，调动了中班幼儿看、听、想、说的积极性和主动性，较好实现了本次教学活动的两个核心目标：幼儿能仔细观察画面，了解故事的情节线索；幼儿能用"加点××，冒××颜色烟"的句式，大胆表达自己的想法。现场参与观摩活动的所有干部、教师，都被幼儿积极主动的活跃状态和现场偶发的互动问题，深深地吸引着，思考着……

我的思考：在鲜活的教学现场，韩老师与幼儿真实的互动，成为每位干部、教师有话想说的动力源泉，为后续教研过程中真正的对话互动、思想碰撞提供了不竭的动力。

片段二：准确定位，为"有话能对"提供机会

在教研活动的开始阶段，主持人乔老师首先请大家围绕教学内容是否符合本班幼儿的年龄特点以及教学方法是否能达成本次教学目标两个核心问题，从优点和不足两方面谈谈自己的感受。我作为区级教研员，以平等的身份参与其中。

我的思考：尊重与平等，是教研活动中所有参研人员大胆表达真实想法的前提。有区级教研员参与的教研活动，往往会让年轻的业务干部和教师感受到一种压力和紧张感。所以为了营造一种平等、民主、温暖、宽松的研讨氛围，我首先以平等的身份参与整个研究活动，并强调了每位干部、教师才是教研活动的真正主人。这样的定位，为每位参研干部、教师，提供了"有话能对"的机会与条件。

片段三：智慧补台，让"有话真对"落到实处

接下来，乔老师主持了教研活动。

主持人：首先，请韩老师反思一下今天的活动。

韩老师：大家好，今天我上的语言活动课是"玩具火车轰隆隆"。我们班孩子刚升入中班，语言表达能力还有所欠缺。为了帮助孩子大胆地在同伴面前表达自己的想法，又因为这个绘本故事的情节简单易懂，所以我选择了这部分教学活动内容。通过观察活动中孩子们的表现，我觉得目标基本完成，也突破了重难点，但活动时间较长，尤其是电视过程忽略了健康领域保护眼睛的目标。

主持人：下面请观摩教师结合韩老师的语言教学现场和我们刚才提出的两个核心研讨问题，谈谈自己的感受。

孙老师：看完韩老师的活动，我有两点感受。第一，整个活动过程轻松自然，师生关系融洽。第二，孩子们在活动中积极主动。孩子们都敢于表达自己的想法，凸显语言领域想说、敢说、会说的核心价值。

王老师：情境来源于生活，很有趣味性，使孩子不会感到陌生。整个教学过程中，韩老师都在情境中发散幼儿的思维。

路老师：我也有两点感受。第一，韩老师给孩子提供了宽松的平台，提出了开放性问题，不怕孩子说错。第二，每个孩子从原有经验出发实现了新发展。

我的思考：乔老师作为年轻的业务干部，在主持教研活动中，能够用两个开放的核心问题鼓励每个教师结合观摩现场，从自己的角度谈真实感受，并对有价值的发言点给予即时的反馈，极大调动了教师参研的积极性。但是如何利用二元思维，从优点和建议两方面引领教师进行深度互动与对话交流，还需要教研员的平等介入和有效助推。

教研员吕老师：刚才几位教师结合现场，从不同角度思考，特别好。在刚才韩老师组织的活动中，关于随机教育智慧，大家发现了什么？

王老师：当孩子提出个别问题时，教师需要及时鼓励和肯定幼儿的合理想法。

孙老师：我同意王老师的想法。教师还要告诉其他小朋友为什么要表扬他。

教研员吕老师：假设你是韩老师，当孩子高兴说出"我想让小火车'吃剪刀'"时，你如何用更智慧的语言把幼儿吸引到教学目标上来？

郭老师：我觉得教师可以继续深入追问：小剪刀是什么颜色的？小火车吃了，会冒什么颜色的烟呢？还有什么水果和蔬菜是黄颜色的，也可以喂小火车吃呢？吃了这些黄颜色的东西，猜猜小火车会冒什么颜色的烟呢？

园外业务干部司老师：今天我的感受是故事画面简单，语言又有重复性，适合中班初期孩子理解学习。针对"吃剪刀"问题，我也在思考：为什么孩子会说出剪刀，而不是水果？如果让孩子先自己观察喂小火车水果和冒出烟颜色的对应性，然后教师再逐步开放引导，会让孩子的思维会更开阔。

主持人：教师要掌握孩子原有的经验和水平，多给孩子主动学习的机会。

教研员吕老师：郭老师的回应是在顺应、尊重幼儿想法基础上的启迪支持，这就是一种随机教育智慧的体现。司老师提出原有经验的适度丰富和发挥幼儿自主发现学习的主体地位，也拓展了教师教学活动的设计思路。其实园所常态的教研活动，就是要解决本园教师普遍遇到的小问题。问题不怕小，只要解决了，就是我们今天的进步与收获。

我的思考：作为教研员，面对年轻业务干部在主持教研活动中出现的跟着教师发言跑、不能及时引领教师回归本次研讨核心问题的现象，我利用"现场把脉，抛出问题—及时补台，有效助推—思维碰撞，探寻策略"等引领支持策略，围绕"教育智慧的现场发挥，保证教学目标的有效完成"的核心问题，引领主持人与教师、干部之间，进行深度而有效的互动交流，真正让对话交流成为解决教师真问题的一把金钥匙。

主持人小结：我感受最深的是教研问题不怕小。我们就是要针对小问题进行碰撞，追根求源，层层深入，逐一突破。接下来我们会将修改后的教学设计再进行一次观摩，从而让我们的研究持续滚动下去。

教研员总结：我希望园本教研都能像今天的现场教研一样，倡导微研究，进行真对话，解决小问题。我也希望参研的其他园所业务干部能够看人思己，学以致用。总之，我们教研员以伙伴身份，全程参与园所常态教研活动，平等介入、充分尊重、适时助推、智慧补抬，既让年轻业务干部提升了现场教研主持智慧和活动后的理性反思与跟进研究能力，也让每位参研的干部、教师真正聚焦共性小问题，有话想对，有话能对，有话真对。

3. 指导跟进

教师参与研究的意识和研究能力的提高需要教研员跟进式的指导与帮助。教研员可以有计划、有目的地对教师进行教育实践的指导，了解教师个体研究的进展情况，了解研究内容在教育实践中的落实情况，了解教师有哪些困惑和问题，进而结合自己的判断和分析给予教师适宜的帮助和指导。

（二）研究活动要立足教育实践

1. 边看边研不空说

不论科研课题的研究还是常规的研修活动，都应立足教育实践，以真实的教学现场为依托，这样才有可能让研究真正起到完善教育实践、促进教师发展的作用。一次研究活动一般包括以下几个方面。

（1）明确研究主题

研究活动要有明确具体的研究主题，这个主题应是对本阶段研究主题的分解，或是其中一个方面。

（2）观摩教育实践

教研员应围绕当次活动的研究主题，事先设计好观察重点和思考重点，引导教师有目的地观摩教育实践并进行思考。

（3）围绕主题研讨

教研员应带领教师围绕预设问题进行讨论。在这个过程中，教研员要认真倾听教师的想法，从中提取值得进一步探讨的问题或话题。

（4）梳理研究成果

研究的进展和成果需要及时梳理和总结，才能不断巩固，并在已有成效上进一步推进，同时有利于及时发现研究过程中的问题。

（5）设定下阶段的研究重点

随着研究的推进，研究的重点和方向有可能需要调整。因此在经历了一段时间的研究后，教研员需要及时判断和分析研究效果，并设定下阶段的研究重点。

2. 研修结合重实效

每一项研究既需要植根实践的观察与思考，也需要理论层面的研究与学习。因此，在研究过程中，教研员自己或者邀请高水平专家进行与研究课题相关的培训是非常必要和重要的。研修一体的活动形式综合了以往教研和培训的优势，既能解决教育实践中的问题，也能帮助教师系统提升理论水平。

每学期研与修的活动次数比例可控制在 4∶1 左右。教研员带领教师开展非课题性质的研究活动，重点还是解决教师在实践中的问题，因此应着重开展以教育实践为依托的研究活动，同时通过专题讲座及每次研修活动后教研员的梳理总结环节，对教师的观念调整和理念更新进行适宜引领。

（三）注重自身引领能力的提升

教研员的职责和作用之一就是引领、带动区域发展及教师的专业成长。教研员必须持续提升自身的引领能力才能有效地发挥应有的作用。

1. 加强理论学习

这是教研员专业能力提升的重要途径之一。对相关理论的学习与理解，可以帮助教研员在指导教师实践、分析教育现象时更加科学准确，同时理论学习也是提高教研员判断和思考能力的有力支撑。理论学习可以分为以下两种。

第一种是系统学习，指教研员有计划地围绕学前教育的相关理论进行长期、系统的学习。例如，关于五大领域的学科体系与知识、幼儿的年龄特点和学习方式、幼儿心理等就需要教研员有计划地进行系统学习。教研员在不断完善自己的认知及知识体系的同时，还需要经常结合教育实际进行反复学习与理解。

第二种是即时学习，指教研员有针对性地进行相关理论和知识的学习与补充。例如，在某幼儿园进行科学领域的教学展示前，教研员要对教学内容所涉及的学科知识、相关理论等进行专门的学习，以便判断教师的教学目标及教学策略是否适宜。

2. 养成思考的习惯

教研员需要对自己所负责的工作以及各种教育现象等进行思考，不断提高自己的辨识和分析能力。养成思考的习惯可以按下面三种方式去做。

第一，把思考落在笔头，即将自己的发现及时记录下来，以便随时翻阅、回顾。

第二，让思考伴随实践。教研员要养成边看（做）边思考的习惯，如读书的同时将重要观点进行摘抄并随身携带，需要时随时翻阅，帮助自己思考及判断；每次研修活动后撰写活动小结，及时将活动中的发现和分析记录下来；边观摩活动边思考如何向教师反馈等。

第三，留出思考时间。教研员可以每天用 10 分钟的时间回顾一下当天的工作：今天值得关注的问题有哪些？观察到的现象背后的原因是什么？有没有其他解决问题的方法和途径？养成每天思考的习惯，可以持续提高教研员的思考能力。

3. 锻炼表达能力

条理清晰、观点明确、语言简练的表达是对教研员基本能力素养的要求，因此教研员需要在实践中有意锻炼和提高自己这方面的能力，才能在指导幼儿园、教师实践以及开展教师培训时准确表达自己的观点。教研员可以用如下方法试一试。

第一，细看细听，言之有物。在指导过程中，不论观摩教学实践还是查阅文本资料，都需要教研员能够细致观察与倾听，从而避免脱离实践说大话空话。

第二，多说多练，增加自信。教研员的表达能力一定是在多次表达中锻炼、提高的。新任教研员尤其要在工作中争取各种机会有意锻炼自己的表达能力，这样才会增加自信，使表达更放松、更自如。

第三，能想善思，提高质量。教研员不仅要大胆表达自己的想法，更要在表达中传递自己个性化的判断和分析。善于思考应该是教研员努力追求的一种状态和能力。学习与思考、观察与思考相结合并不断深入，有利于教研员表达水平的逐渐提高。

4. 提高文字水平

撰写研修笔记、经验总结、研究报告等在教研员日常工作中也占有一定的比例，是教研员从事教研工作必备的能力之一。要做到文字的条理清晰、叙述简练且有一定深度，教研员可以尝试以下三种方法。

第一，用文字记录思考的内容。把自己的思考用文字记录下来，不是那么简单的事，需要重新梳理思路并斟酌文字的表达是否真实反映了自己的想法，经常这样做会增强思考的缜密性和文字表达的准确性。

第二，论点论据要清晰。撰写文章、发言稿前，首先，教研员要明确自己需要表达哪些主要观点以及支撑、说明这些观点的内容有哪些。其次，教研员应列出提纲，查看条目之间的逻辑关系是否合理，然后再进行撰写。

第三，写完反复读三遍。成文后要进行至少一次通读，确认语句是否通畅、有无错别字等。重要文章一定至少通读三遍，除了文字上的问题外，需要重点把握观点是否科学准确，以更好地体现自己的深度思考能力和专业能力。

（四）及时发现问题并调整

1. 调整研究重点

一方面，教研员要在研究开始之前通过调查与分析，准确判断教师的需要，从而确定研究方向；另一方面，在研究过程中，由于多种情况，教研员需要对研究重点或活动内容做出一定调整。例如，一位新任教研员在带领教师进行"体育教学活动指导策略"的研究过程中，发现来自不同幼儿园的教师对幼儿基本动作的发展特点和规律的相关学科知识了解不足，影响了教师对教学内容的选择和对教学难点的判定。于是这位教研员调整了研修计划，增加了一次关于幼儿动作发展的讲座并提供了相关书籍供教师学习，使得研修活动能更顺利地完成。研究重点的调整以及研究内容的增减的原则就是教师的需要。教研员要在研究活动中不断观察和分析教师的反应和需要，使所有调整都要为教师的发展服务。

2. 调整研究形式

在研究过程中，教研员需要随时观察和判断所采用的研究形式是否适合教师，能否真正解决问题，必要时及时调整。例如，一位教研员采用讨论的形式开展"益智区材料如何支持幼儿的自主学习"的研究，发现由于缺少幼儿真实的游戏情境做支撑，一部分教师在表达观点时说了不少理论，却很少说感受和意见。发现问题后，教研员调整了研究活动的形式，增加了实地观察和案例交流，使每位教师都能结合实践表达自己观察和思考的结果，增加了研究的实效。

第二节　研究成果的推广与完善

一、研究成果的推广

教研室不仅承担着研究的任务，对教研员本身及区域内各园研究成果的推广也负有责任。研究成果的推广既可以督促、指导、协助开展课题和园本研究的园所和教师及时总结和固化研究经验和成果，还可以通过各种交流活动带领幼儿园和教师分享和研讨研究中的经验及收获，促进幼儿园研究能力的进一步提升及研究成果的进一步推广，进而促进全区幼儿园教育质量的持续提升。

（一）成果展示活动

1. 成果报告会

定期召开成果报告会，有利于及时总结阶段性研究经验和成果。成果报告会的主要内容是由课题负责人或研修小组负责人以经验介绍的形式向一定范围的人员汇报研究成果。各课题小组可以制作展板以方便与会者细致了解研究成果。

成果报告会的优势在于集中展示若干研究成果，信息量比较大，能让与会者在较短时间内了解到多个课题的研究情况，受到更多启发。

成果报告会有可能存在的不足是互动交流环节缺失或不够充分。与会者单方面观摩，难免对有些现象或情况有理解和认识上的偏差。因此，如果主办者更看重"交流"的话，可以组织展示交流会。

2. 展示交流会

教研室可以定期组织区域内幼儿园开展研究成果展示交流会，目的是促进园所间的交流与相互学习，促进园本研究成果的推广。一般情况下，每次展示交流会只在一所幼儿园进行一个课题的交流。

流程如下。

（1）研究现状及成果重点简介

幼儿园研究负责人向大家介绍研究目的、主要解决的问题、本次展示的重点等，目的是使与会者对园本研究有初步的了解，明确此次交流研讨的主题，预设参观重点。

（2）园本研究成果观摩

幼儿园开放教学现场，向与会者展示研究内容及成果，如活动区游戏、教学活动、户外活动等。与会者结合幼儿园的介绍有目的地进行观摩，并围绕当次活动的主题进行思考，为交流研讨环节的发言做好准备。

（3）园本研究经验介绍

幼儿园园长、教科研负责人或教师向大家详细介绍本园教科研的研究历程，包括研究内容的确定、研究对教师教育观念的冲击、研究所获得的新发现以及对师幼发展促进的体现。这部分内容需要教研员事先与幼儿园进行沟通，帮助幼儿园进行研究经验的梳理和提升，发挥教研员的引领指导作用。

(4) 互动与交流

这个环节可由教研员主持。教研员通过预设研讨方向或重点，引导与会者结合所看、所听、所思进行交流。教研员要注重引导与会者之间、与会者与幼儿园之间的互动，注意捕捉有价值的问题，引发大家深度思考并表达看法。

(5) 专家点评

教研员可以邀请相关专家对幼儿园的研究成果进行点评，帮助幼儿园进一步提升研究理念和方法，并提出相关建议，引领幼儿园乃至全区教科研的研究思路。教研员在这个过程中要做好幼儿园和专家之间的桥梁，深度介入沟通过程，认真倾听，虚心学习，适度表达。

(二) 观摩研讨活动

1. 同类课题的观摩研讨

同类课题的观摩研讨是指教研员组织全区幼儿园在某一时间段做同一类课题研究的交流活动，例如组织研究游戏、观察分析幼儿等方面的教研组开展交流活动。教研员既可以组织教研组织者之间的交流，也可以组织教师间的交流。教研员要事先了解各园在研究过程中所获得的新发现和经验，以及遇到的问题，预设活动的主题和研讨的问题，注意引导各园充分交流、分享经验，同时带领教研组织者和教师就共同的问题展开教育现场观摩和讨论，帮助教师寻找到解决问题的途径和方法。

2. 同级别教师的观摩研讨

教研员还可以组织相同发展阶段和级别的教师开展研究交流活动。他们的成长背景相近、专业水平趋同，更容易产生共鸣。例如，教研员可以组织市区级骨干教师围绕各自开展的课题或专题研究进行多种形式的互动活动，帮助教师梳理总结研究经验、选取适宜问题，带领教师进行研讨，鼓励教师进行观点的表达与碰撞，引导教师理解相关理念并给予方法上的指引。

(三) 园所互助活动

1. 助力示范园发挥作用

各级示范幼儿园有着非常丰富和独特的经验和资源。教研员要充分调动和发挥示范园的优势和作用，创造机会使其在区域内发挥示范引领作用。例如，请示范园开放教学现场并介绍优势课程，请示范园的骨干教师一对一指导其他园的青年教师，请示范园开设培训课程班对有需要的教师进行培训。教研员助力示范园发挥作用，有利于提升区域整体的保教工作质量，有利于调动幼儿园和教师努力开展研究的积极性。

2. 支持园所相互交流

这样做的目的是促进各园之间的学习与互动。教研员在充分了解各园优势和需求的基础上，帮助幼儿园通过结对互助、资源交换、问题答疑、合作共研等方式进行交流，既开阔眼界和思路，也为更多的教师提供了展示自己能力的机会，同时还可以解决幼儿园和教师在教育实践中遇到的问题。教研员在其中的作用，一是协调资源帮助幼儿园寻找到最适合的交流方式；二是跟踪参与活动，适时发挥一定的支持引领作用；三是总结经验、发现问题以便调整和改进工作。

（四）网络推广活动

1. 专门网站推广

各区教研室可以通过专门网站进行研究成果的推广，如开辟"研究成果交流"板块，将教研员的研究成果及各园的研究成果进行梳理，通过"研究计划""教师经验""课题成果""研究过程实录"等展示出来，起到相互借鉴的作用。

2. 手机推介

教研室可以开发手机软件或微信公众号等，定时发布教研员及各园的研究进展情况及研究成果，介绍和推广各个研究课题或专题的发现和经验，引发各园及教师的关注和思考。内容的收集、整理、上传和维护等工作可由教研室指定一位教研员承担。教研室可联合幼儿园建立信息收集与推广的工作机制，确保此项工作顺畅进行。

3. 线上专题讨论

教研员可以开设网上"研修工作坊"，每学期招收学员，开展线上及线下的研究与讨论。教研员定期发布研讨专题，请教师思考并通过发帖表达自己的观点和看法。教研员适时回应教师的看法并传递自己的想法。教研员还可以开辟"研究成果分享专区"，请教师上传自己的研究过程，总结相关经验，分享研究成果。

二、研究成果的完善

（一）在实践中发现问题随时调整

研究成果是在研究过程中逐渐积累、梳理、总结而成的。为了保证研究成果的规范性、合理性、创新性和可借鉴性，做好每一次和每一阶段研究活动的小结和分析是十分必要的。及时总结可以使教研员随时发现问题，给调整研究方案和研究方法留出充裕的时间。教研员在自己的课题研究中以及在指导幼儿园开展研究的过程中应注重及时反思，确保实效。

（二）在分享中发现问题及时反思

研究成果形成后，各方在分享的过程中，会听到一些意见和建议，这时各方要重视这些来自同行、专家等从不同角度的评价意见。教研员需要自行或与幼儿园一起进行反思和讨论，将一些有价值的观点和建议运用到下一阶段的研究中。

总之，教研员的研究既是提升自身素养和专业水平的有效方式，也是指导、引领幼儿园和教师专业成长的重要途径。教研员应努力提升研究能力和水平，使自己的研究成果服务于教师实践水平和幼儿园教育水平的提高，从而体现教研员的价值。

第六章　管理与评价

　　对幼儿园教育教学工作进行管理与评价是教研员的一项重要职责，是教研员了解幼儿园教育教学的适宜性、有效性，改进和完善教育教学工作，激励和促进幼儿园保教人员专业成长，提高幼儿园教育教学质量的必要手段。教研员借助对幼儿园教育教学的管理与评价，可以更好地了解幼儿的学习与发展状况，以及幼儿园保教工作对幼儿发展的适宜性和有效性，从而有利于更好地调整、改进工作，提高保教质量。

　　管理与评价密不可分。评价是管理的重要手段，管理是评价的主要功能。管理与评价是学前教育领域的重要研究课题，对于理论工作者是这样，对于实践工作者更是这样。从实践层面看，当前幼儿园教育教学管理与评价领域有待解决的问题还有很多，如管理和评价的功能是什么、内容有哪些、依据哪些准则来管理和评价等。

　　作为教研员，我们秉承的教育理念、采取的管理与评价方式、如何反馈和利用评价结果对幼儿园的教育教学会产生重要的影响，会直接影响到教师的教育理念和实践行为。因此，在本章内容中，我们将从幼儿园教育教学管理与评价的功能与基本视角、管理与评价的基本内容、管理与评价的实施方式三大方面阐述教研员如何对幼儿园教育教学进行管理与评价。

第一节　管理与评价的功能与基本视角

一、管理与评价的功能

　　在关于教育教学评价目的的研究中，达林-哈蒙（Darling-Hammond）等认为教育教学评价主要有两个层面的评价目的："改进"与"绩效"。改进层面是指通过评价实现教师的专业发展以及学校效能的提升；绩效层面是指通过评价为人事安排和奖惩提供依据。

　　在我国，学者对学前教育评价的作用也持肯定态度。例如，霍力岩在《学前教育评价》一书中指出学前教育评价有助于保证学前教育目标的实现，能在一定程度上保证学前教育改革顺利进行。刘霞认为，学前教育质量评价具有判断、导向、改进的功能，只有把握好评价功能，才能使教育质量评价与教育质量提升之间形成良性的互动关系。

对于幼儿园教育教学管理与评价问题，我们所秉承的基本理念是管理不是监管，评价不是评判，管理和评价要着眼于幼儿发展和教师发展。幼儿园教育教学管理与评价具有多种功能，概括起来有以下四个方面。

（一）对教育价值做出判断

幼儿园教育教学管理与评价不是简单地鉴定和甄别，而是在系统、科学、全面地搜集、整理、处理和分析教育信息的基础上，对教育价值做出判断的过程，从而衡量幼儿园实际教育教学活动达到教育目标的程度，目的在于促进教育改革、明确教育价值。

（二）对教育实践做出分析

管理与评价，有利于幼儿园了解自身教育实践活动存在的优势和问题，从而进一步发扬优点、弥补不足，促使幼儿园不断进行自我评价，不断调整教育观念和教育行为，以提高幼儿园的教育质量。

（三）对教育过程做出诊断

对幼儿园教育教学进行评价，旨在发现问题和获得有针对性的信息，以便幼儿园及时加以改进，有效调整或改进教育状态。这种评价以诊断和改进教育工作为直接目的，能较好地促进教师的专业发展。

（四）为教育决策提供依据

幼儿园教育教学管理与评价依据学前教育方针和教育目的，通过系统收集资料信息，采取定性和非定性的方法，对课程、教师专业发展、幼儿发展水平等进行分析和判断，全面掌握幼儿园发展的轨迹，为教育决策提供依据。

二、教研员在管理与评价中的角色定位和基本视角

《幼儿园教育指导纲要（试行）》指出："教育评价是幼儿园教育工作的重要组成部分，是了解教育的适宜性、有效性，调整和改进工作，促进每一个幼儿发展，提高教育质量的必要手段。"可见，《幼儿园教育指导纲要（试行）》非常强调发挥教育评价的诊断和改进功能。教研员作为幼儿园教育教学的引领者、指导者，在教育教学评价中也要遵循这一导向。

教研员工作对一个区域的教学工作具有重要的作用。要明确幼儿园教育教学管理与评价的基本导向，需要先明确教研员在管理与评价中的角色定位和基本视角。

（一）教研员在管理与评价中的角色定位

1. 研究教育教学

教研员工作的核心是研究教育教学。教研员只有在研究教育教学的基础上，才能发挥指导教育教学即专业引领的作用，也才能真正满足教师的需要，为教师服务。因此，教研员要以幼儿和教师的发展为本，研究教育教学的发展

状况，研究教育教学的本源问题，研究国内外教育发展的趋势，研究不断更新的教育思想，研究课程标准、教材和各种教学资源，不断吸收和更新知识。从管理与评价搜集到信息中发现问题，思考学习，形成解决问题的措施。

2. 服务教师及幼儿发展

教研员工作的宗旨在于服务：一是为教师的教育教学服务，二是幼儿的发展服务。教研员在实际工作中，要很好地体现教研工作服务性的特色，要甘为人梯。教研员要做教师的知心朋友，学会换位思考，努力帮助教师提高教学质量，以专业和人格来树立自己的形象。教研员要以幼儿发展为本，面向全体幼儿，使幼儿获得个性化的发展。

3. 指导教学实践

广大教师面临如何操作的问题。解决操作层面的问题，离不开各级教研机构和教研员的指导。指导既要有宏观指导，又要有微观指导。教研员要帮助一线教师总结教育教学经验，反思教育教学得失，寻求教育教学规律，并以多种形式培育课程改革典型，组织教师结合课程改革和教育教学实际进行学习交流。

（二）教研员在管理与评价中的基本视角

教研员参与幼儿园教育教学管理与评价是一个运用正确的教育理念和标准对幼儿园教育教学工作进行评估的过程，是做出价值判断的过程。它为后续的工作方向提供了依据，是计划、实施之后的重要环节。因此，教研员在管理与评价过程中秉承的视角非常重要。

1. 多角度的管理与评价视角

幼儿园一日生活皆为课程，其每一环节都对幼儿发展起着不可替代的作用。因此，教研员评价要着眼于幼儿一日生活的全面评价，多角度地看待幼儿园的教育教学工作。

（1）整体综合分析班级质量

教研员对幼儿园班级质量进行分析时，要对教师的教学表现进行整体评价，而非看细节、看表面现象、看一时的效果，避免将教师引向细枝末节，或使教师谨小慎微。

（2）全面关注一日生活各环节

幼儿园一日生活包含生活活动、游戏活动、教学活动、户外活动等，每一环节都有特定的价值。教研员要全面把握幼儿一日生活各环节的教育价值，不可忽视任何一个环节。

2. 公正科学的管理与评价视角

评价在本质上是一种价值判断，而价值判断的正确与否，与评价者自身的教育理念有很大关系。管理与评价标准是在正确的教育价值观、教育理论、国家教育政策指导下制定的，因此评价标准需要反映和揭示被评价事物的本质规律和基本要求。在把握管理与评价标准的过程中，教研员要注意以下问题。

（1）不以自身的已有经验主观地解释

尽管有的教研员曾经是教学一线的优秀老师，但是他们从事几年教研工作后，对实践的真实情况就会感受不深，如果以自己过去的经验为标准，会有主观性，从而不能做出客观而全面的分析。高质量的管理与评价工作不能用教研员自身的已有经验去主观随意地解释。教研员在管理与评价时要运用幼儿发展知识、学前教育原理等专业知识去分析、解决教育实践中的问题。

（2）不以优质活动为标准

以优质活动为标准具有一定的合理性，但是优质活动是一种非常态下的活动，它是科学的教育理论和先进的教育手段结合起来的一种理想活动，可能并不适用于日常的管理与评价工作。教研员要客观分析幼儿的发展情况，在常态活动中，客观公正地开展管理和评价工作。

3. 从实际出发的管理与评价视角

《幼儿园教育指导纲要（试行）》提出管理人员、教师、幼儿及其家长共同参与评价的要求，鼓励多方人员从本园实际情况出发，共同参与协商制定。这一说法强调了从幼儿园实际出发的重要性。管理与评价工作也需以幼儿的学习与发展情况为基础开展。教研员可以创造性地运用多种方式来评价实践行为，从幼儿的表现开始反思，与教师行为、目标追求建立联系，进而做出客观评价，避免自说自话。

教育活动是一个多种因素参与的复杂过程，所以教研员需要根据不同的要求与目的，有目的地选择并确定评价的模式和方法，并注重随教育环境的变化做出合乎实际的调整与变通，只有这样，才能真正实现管理与评价促进教师专业发展的目标。

4. 自由对话的管理与评价视角

国外相关研究表明，没有与教师交流的管理与评价可能达不到预期效果，有时甚至可能产生事与愿违的结果。教研员需要和教师对话。在对话过程中，教研员要鼓励被评价的保教管理者或教师开放心态，既大胆、坦诚地表达自己的真实想法，又能接纳和尊重他人的专业建议。教研员要了解被评价者的经验结构，倾听他们的需要和愿望，识别他们背后的观念，提出专业性建议，从而借助对话将参与评价的每个人带入深入思考的空间，实现管理与评价的目的。

要做到与教师自由对话，教研员就要和教师平等对话，同时在对话过程中注意和教师沟通以下问题。

（1）真实反映教学实际

管理与评价过程追求真实、客观。真实表现为全面、真实地收集评价资料。教研员不论通过现场观察、查阅文字资料，还是通过访谈、问卷等方式收集资料，都要力求全面、真实。教研员要以真实的实践现场、资料等为依据与教师展开讨论。

（2）诊断教学存在的问题

教研员要依据正确的教育理念，实事求是指出教学存在的问题，和教师一起分析问题及其产生的原因，使教师明确自己在实践工作中的不足和努力的方向。

（3）指明改进教学的方式方法

教研员要肯定教师的闪光点，肯定教师的成功做法，以保护和鼓励教师的积极性，同时又要针对不足提出改进建议或策略，使参与的教师既能学习别人的优点，又能对自己的不足进行改进。

第二节　管理与评价的基本内容

幼儿园教育教学工作管理与评价的内容涉及保教制度建设、保教工作质量、保教队伍专业提升。这三方面工作相辅相成：保教工作管理的制度建设是保教工作管理的前提和基础，保教工作质量的检查和指导是保教工作管理的核心和关键，保教工作人员队伍的专业提升是保教工作管理的动力与源泉。幼儿园教育教学工作的基本内容有哪些，教研员管理与评价的内容就有哪些。这里需要强调的是，教研员要综合看待这三大方面的内容，从全面推进幼儿园整体质量的角度出发，对三方面的工作进行较全面的管理与评价。

一、保教制度建设的管理与评价

保教制度建设是幼儿园保教工作的保障。幼儿园对保教工作的程序、保教人员的工作职责和行为准则等做出规定性要求，有助于幼儿园保教工作平稳、有序开展。教研员要引导幼儿园关注保教制度建设的意义，并检查幼儿园保教制度是否全面，是否在教育教学实践中起到了保障作用。

（一）保教制度建设的价值定位

幼儿园保教制度建设的出发点和归宿是保障教师专业发展、促进幼儿全面发展。

1. 保障教师专业发展

①能够指导教师进行保教活动。

②能够指导教师研究幼儿与课程。

③能够为教师发展提供条件支持和专业指导。

④能够鼓励并规划教师的专业发展和在职培训。

2. 促进幼儿全面发展

①能够理解保教结合的重要性，并将保育与教育并重，促进幼儿全面和谐发展。

②能够重视幼儿兴趣、情感、态度和能力的培养，关注幼儿的学习与生活。

③能够理解环境、生活体验、家庭对幼儿的重要性，创造条件，综合利用幼儿园和家庭共同促进幼儿的发展。

④能够利用多方面资源支持幼儿园开展保教活动，拓展幼儿活动内容。

⑤能够评价幼儿的发展情况并给予建设性的反馈。

（二）保教制度建设的管理与评价要点

幼儿园保教制度建设的内容是否全面、是否符合幼儿园现有的发展水平和特点，直接关系到保教制度能否发挥作用。教研员要以专业的视角，结合幼儿园工作实际，引领园所不断完善保教制度。保教制度建设的管理与评价可以从以下几个角度思考。

1. 保教制度是否全面、规范

全面、规范的保教制度能保障幼儿园的教育秩序、工作秩序、生活秩序，真正提高教育教学质量和培养幼儿良好的行为习惯。

幼儿园保教工作涉及幼儿园工作的方方面面，所以制度建设方面，必须保证制度的全面性。

保教制度依据幼儿园的实际情况确立，大致可分为以下几类。

班级保教工作制度：保教人员一日工作常规、保教人员当班制度、幼儿作息制度、幼儿发展情况报告制度、教师交接班制度、班会制度等。

教育教学管理制度：教学计划和实施的常规要求、教师备课制度、计划及批阅制度、保教工作评价制度、幼儿发展评价制度、保教干部转班及深入实践制度、业务档案管理制度、教学资料借阅制度、课题研究和管理制度等。

干部教师培养制度：各层各类教师评聘、培养、管理制度，园本教研制度以及培训学习制度等。

家园、社区工作制度：家园共育制度，如家委会和家长会制度、家长联系制度等以及早教基地工作制度等。

幼儿园安全工作和卫生消毒工作制度：晨检和午检工作制度、卫生消毒工作常规要求、保教人员个人卫生要求等。

当然，由于各幼儿园的具体情况存在差异，制度的多少、所针对的内容以及细致程度也会有很大不同。在以上一些基本的制度基础之上，幼儿园可以根据本园实际情况以及发展的需要增加和细化各项制度，以加强保教管理，保障这部分工作的质量。教研员要充分重视幼儿园的实际，不可以在管理与评价工作中提统一的要求。

2. 保教人员的岗位职责是否明确

岗位责任制是指根据工作岗位的性质和业务特点，明确规定保教人员的职责、权限。岗位责任制使每个工作岗位的职责明细化，使组织的各类人员能够行其事、尽其责。如果一些岗位缺乏工作目标、任务指标，则会造成保教人员行无依据、考核无依据。例如，有的幼儿园没有明确的教师一日常规，对教师在每个时间段应该做哪些工作、做到什么程度没有细致的规定。有的幼儿园有业务园长、保教主任等多名保教干部，但对他们具体的工作内容却没有相应的规定。职责的不明确会影响到工作的质量，影响到工作效率。教研员要在管理与评价工作中帮助幼儿园明晰岗位分工情况和相应职责。

3. 保教制度是否与时俱进

幼儿园保教制度是最基本的要求，涉及每个班级、每位教师，关涉众多幼儿及家长，一旦出台，自然不会轻易改动。但是如果制度已经不能适应新的教育政策、法规的需要，或者制度已经不能引领教师正确的观念和行为，那么幼儿园就要对制度做出修改。例如，随着《幼儿园工作规程》的出台，国家对幼儿园工作的有关内容进行了进一步的修订或细化，保教制度就要随之改动。教研员在管理与评价工作中一定要依据最新的观念和要求引导幼儿园改进和调整保教制度。

4. 保教制度是否起到支持、保障作用

在以人为本理念的影响下，今天的保教制度建设也在不断发展和变化之中。保教制度的意义正在从单纯管理、约束向主动支持、保障转变。

有些保教制度的侧重点更多在于"管"，比如奖惩细则，这些制度没能起到引领教师沿着正确的教育方向、教育方式开展工作的目的，不能从根本上解决问题。集激励、约束、竞争三位一体的管理制度，才能使幼儿园工作保持旺盛的生机与活力。教研员要更多思考保教制度是单纯约束性的，还是支持性的。

范例

教学干部日常转班制度

北京市北海幼儿园

1. 每天教学干部"三转班"

教学干部每天要深入本部门各班级转班，尤其是在幼儿晨间来园、户外活动和离园环节，教学干部必须转班，及时发现问题，及时解决。在其他环节，各部门主任根据工作需要，随时进班指导。

2. 教学干部转班"八坚持"

①树立"安全第一"意识，检查、指导各班做好幼儿安全教育与防护工作。

②坚持"保教合一"原则，不断强化"保教合一"理念，保教管理细致。

③坚持"以游戏为基本活动"，强化年龄特点和年级特色，指导各班一日生活安排科学、合理、有序、灵活，有幼儿自主空间，体现年龄特点。

④坚持"全面个体意识"，指导教师面向全体，关注个体，让每个幼儿都获得发展。

⑤坚持"幼儿习惯培养"，特别关注幼儿认真刷牙防龋齿、正确用眼防近视等工作。

⑥坚持执行"保教制度"，严格要求每位教师认真履行岗位职责，尊重、关心、热爱幼儿，无歧视、体罚、变相体罚和侮辱幼儿人格等现象，无品行不良和违章违纪问题。

⑦坚持"卫生保健"意识，主动配合医务室，督促各班做好卫生消毒、预防接种、家长健康宣传、出勤和交接班记录、卫生检查等工作，使各项卫生保健要求在本组各班落实好。

⑧坚持"规范整洁"意识，对门前三包、室内大面、物品摆放、门窗水电每日必查。

3. 教学干部转班"五做到"

①教学干部自身加强《幼儿园教育指导纲要（试行）》的学习，在转班的过程中做到以正确的教育理念指导班级工作；指导工作和处理任何问题，始终以幼儿利益为第一。

②能严格要求自己，模范遵守《教职工行为规范》和各项规章制度，为教师起到模范带头作用。

③对本部门工作尽职尽责，有责任心，敢管，敢于承担责任。

④发现问题，能及时解决，并上报主管领导，以便于进一步协调完善教育教学工作。

⑤能不断总结和反思转班过程中发现的问题，做好进班记录和反思笔记，不断地研究和改进日常工作，提高保教质量。

北海幼儿园的教学干部日常转班制度，不仅明确规定了教学干部要每天进行转班的常规工作，还明确了教学干部转班时应该坚持的理念和原则，这些理念和原则是依据《幼儿园教育指导纲要（试行）》《3—6岁儿童学习与发展指南》精神确立的班级工作导向。这些正确的理念和原则，不仅让教学干部明确了转班时"看什么"，也让教师明确了幼儿园教育教学工作的方向。这样的保教制度不仅仅是从管理角度出发做出的教学干部的职责规定，也在起着主动支持教师教育理念更新的作用以及保障班级工作有序运转的作用。

二、保教工作质量的管理与评价

幼儿园的保教工作包括环境创设与利用、一日生活的组织与保育、游戏的支持与引导、教育活动的计划与实施、户外体育活动的实施等。教研员的重要职责是对班级的具体保教工作进行指导。班级体现出来的教育优势和不足可能是全园的共性。在保教工作质量方面，教研员的观点和认识深刻影响保教工作质量管理与评价的方向。幼儿园保教工作质量的管理与评价可以从这几方面进行。

（一）环境创设与利用

幼儿园的环境包括物质环境和精神环境。物质环境主要是指幼儿园的空间、设施、活动材料等。《幼儿园教育指导纲要（试行）》指出："幼儿园的空间、设施、活动材料等，要有利于引发、支持幼儿的游戏和各种探索活动，有利于引发、支持幼儿与周围境之间积极的相互作用。"精神环境主要是指幼儿在幼儿园能经常接触的人以及人与人之间的关系，包括幼儿园的常规要求、幼儿园同伴群体、教师的态度与管理方式等。

1. 环境创设与利用的价值定位

幼儿的学习是一个积极主动的过程。幼儿是在与环境的相互作用中学习和获得发展的，因此环境创设与利用至关重要。

（1）增强幼儿对班级活动的参与性

幼儿是环境的主人，幼儿通过动手操作亲身参与班级环境创设，能增强幼儿在活动中的主动性。

（2）生动展现和发展幼儿的主体性

幼儿在活动中提出自己对班级空间设置、游戏材料、墙面环境等的看法，参与环境的创设和利用，有助于发展幼儿的主体性。

（3）拓展教师了解幼儿兴趣和需求的信息源

关于幼儿对哪些活动感兴趣，在活动中遇到了哪些问题、需要拓展的新经验是什么，教师可以通过幼儿对环境的利用来观察和分析。

2. 环境创设与利用的管理与评价要点

（1）环境创设与利用是否考虑幼儿的需要

幼儿园是幼儿生活、学习的场所，幼儿园教育环境是否适宜应首先看环境中的元素及其蕴含的要素是否体现幼儿的需要，是否符合幼儿的学习特点和规律，是否有利于促进幼儿发展。

①环境的创设要因地制宜、安全、合理。教师要善于为幼儿创设丰富的具有探索性的物质环境，合理地利用和划分空间，考虑空间设置和材料的安全性。

②环境中的材料要能吸引幼儿的注意力，激发其探索和学习的欲望，以幼

儿的需要为重心，便于幼儿选择和利用。

③班级墙面布置要兼具审美与教育价值，提高幼儿的参与程度，且对幼儿的学习活动和发展有促进作用。

（2）环境创设与利用是否能促进幼儿多方面发展

①教师要遵循幼儿的学习特点和成长规律创设环境。教育环境不是无序的，而是遵循着幼儿的学习特点、成长规律和教育内容创设的。教师应依据对幼儿的观察与了解，对教育环境所涉及的资源、材料等进行投放或调整，促使幼儿有效利用环境资源，从而达到发展的目的。

②教师要提供丰富的材料，支持幼儿自主选择和探索。教师根据各个区域的功能和幼儿活动的需要提供丰富适宜的材料，支持幼儿自主选择和探索。教师参与环境的方式有时是显性的、直接的，有时是隐性的、间接的，但是无论何种形式都必须渗透教师理性的思考，反映教师的专业化水平。

③教师要追随幼儿的需要、能力发展和学习的进程。教育环境应该是不断发展变化的，即环境中的材料、内容要随着幼儿的发展进步而变化，依据幼儿学习与成长的需要进行调整。

（3）环境创设与利用是否给予幼儿足够的探索机会

①教师要鼓励幼儿参与环境创设与利用。幼儿参与教育环境创设与利用主要体现为以下几点：在环境创设中积极思考，出主意，想办法；能够及时关注环境中的变化，愿意操作、摆弄、运用环境中的各种资源；能够遵守集体活动秩序和自主活动规则，用自己的方式展示经验与发现等。

②教师要充分为幼儿拓展活动机会。幼儿园教育不仅仅是幼儿园内部资源的开发与利用，还应该本着开放的原则，将可利用的幼儿园外部资源充分利用起来，通过开展丰富多彩的实践活动、家园共育合作性活动，丰富幼儿的游戏和生活。

（4）是否营造了良好的班级氛围，让幼儿感受到安全和舒适

①教师要在班级中建立良好的师幼关系。教师理解幼儿的能力、友善的态度及积极的师幼互动能营造民主、和谐的精神环境，让幼儿感到安全和舒适。

②教师要引导幼儿建立良好的同伴关系。教师给幼儿充分的同伴交往机会，鼓励幼儿在交往中关爱同伴、相互鼓励、相互学习，形成相互尊重、友爱、有归属感的班级氛围。

环境作为教育中非常重要的因素，要起到支持幼儿身心健康发展的作用，要体现"幼儿是环境的主人"的育人理念。北京市幼儿教师教育展示活动中有关"环境创设与利用"的标准以及西城区幼儿园环境创设标准都体现了这一理念。

范例

北京市幼儿教师教育展示活动评价标准（教育环境部分）（2015年）

①具有尊重、接纳、关爱的精神氛围。
②环境体现幼儿的意愿和想法。
③环境对幼儿学习与发展具有支持作用。
④材料与幼儿的学习和发展相适宜，有适度挑战性。

北京市西城区幼儿园教育环境创设标准（2015年）

①班级氛围民主、和谐，师生之间、幼儿之间关系平等、友好。
②以幼儿为主体，因地制宜、安全、科学、合理地创设环境，能体现幼儿的想法、意愿和创造性。
③充分利用各种资源，为幼儿在生活和游戏中学习与发展提供有效支持。
④幼儿参与环境创设，是环境的主人，并在与环境互动中获得积极发展。

（二）一日生活的组织与保育

保教结合是幼儿园教育的突出特点。幼儿在园的一日生活由入园离园、晨间活动、游戏与学习活动、生活活动、户外活动等组成。教研员要遵循"保教结合"这一幼儿园教育基本原则，充分认识生活活动的意义和价值，对幼儿园教师的一日生活的组织与保育做出指导。

1. 一日生活的组织与保育的价值定位

幼儿园一日生活的组织科学合理，能给予幼儿良好的生活照料，充分体现保育和教育的结合，这是幼儿园教师应具备的重要专业能力。

（1）幼儿常规养成的重要契机

幼儿一日生活的安排是相对固定的，有利于幼儿形成秩序感。各班级也会有一些活动常规，包含了做事的要求、方法，这些常规能减少不必要的管理行为，逐步培养幼儿的自律意识和能力。

（2）幼儿习惯培养的重要途径

在自我服务或为他人服务的过程中，幼儿形成了基本的生活自理能力。同时幼儿通过日日重复的生活各环节，如进餐、睡眠、盥洗、排泄等，也容易养成良好的行为习惯。科学合理的一日生活组织会让幼儿体验到幼儿园生活的愉悦，形成安全感，对教师、同伴产生信赖感。

（3）幼儿学习活动的重要资源

幼儿园教育是保中有教、教中有保，在生活中发现教育契机，在生活中开展语言、社会、数学、艺术等多方面活动。贴近幼儿生活需要的活动更能吸引幼儿参与其中。

2. 一日生活的组织与保育的管理与评价要点

（1）是否能合理安排和组织一日生活的各个环节

①幼儿园要根据《幼儿园教育指导纲要（试行）》和《幼儿园教师专业标准（试行）》的要求，建立科学合理的常规。日常安排应保持一定的稳定性和相对的灵活性；活动安排和组织要动静交替；各环节转换自然、有序、安全，减少等待时间。

②幼儿园要有幼儿进餐、盥洗、睡眠等各环节的基本常规；班级要有明确的生活常规；教师应职责明确。幼儿生活要有规律，知道什么时间该做什么事，做事时能掌握好做事的顺序。幼儿在生活中应体现出良好的行为习惯。

（2）是否能科学照料幼儿的日常生活

①教师在组织幼儿的一日生活、实施对幼儿的保育时，要以满足幼儿的身心健康发展需要为核心目标，保教结合，指导和协助保育员做好班级常规保育和卫生工作。

②教师要注重幼儿自我保护意识、生活自理能力和独立性的培养；让幼儿自己去做力所能及的事，又能及时给予幼儿必要的帮助；不宜过分强调成人的保护与照料，而忽视幼儿独立性的培养。

（3）是否将教育灵活渗透到一日生活中

①班级工作要以保教结合为基本原则。保育和教育是幼儿园工作的两大方面，二者之间是相互统一、相互渗透的。教师在保育中发挥教育作用，即在保护和增进幼儿健康的同时，结合幼儿的生活经验，注重养成教育和健康教育。

②教师要充分利用各种教育契机，对幼儿进行随机教育。教师应在生活中发现教育契机，充分利用各种机会对幼儿进行随机教育，如在生活中渗透幼儿语言、社会、数学、艺术等多方面能力的培养。

（4）是否关注幼儿心理健康

①以良好的师幼关系促进幼儿心理健康发展。《幼儿园教师专业标准（试行）》提到教师在与幼儿相处中应尊重幼儿的想法，鼓励幼儿发表自己的观点，以身作则，建立良好的师幼关系，通过言传身教，对幼儿的心理产生积极的影响。

②引导幼儿个性健康发展

保育工作要由身体养护扩展到保护和增进幼儿心理健康。这种深层次的保育,要求教师、保育员要为幼儿创设良好的生活环境,培养幼儿积极乐观的情绪和活泼开朗的性格以及良好的社会适应能力,引导幼儿个性健康发展。

③尊重幼儿的个体差异

教师在生活活动指导中,应尊重并接受幼儿在生理发育、生活习惯、生活能力上的个体差异,适时予以引导。

学前教育的一项基本原则是"保教结合",因此,教师要关注幼儿的保育工作,维持稳定的生活常规要求,保证幼儿健康成长。另外,从教育的角度出发,教师要培养幼儿在生活中的自我服务能力,并在生活中渗透教育。

范例

北京市西城区幼儿一日生活组织与保育评价标准(2015年)

①有符合幼儿年龄特点的、科学合理的生活常规,各环节过渡自然。

②保教结合,关注幼儿生理、心理需求和个体差异,并给予必要的呵护和支持。

③给幼儿提供生活自理和参与劳动的机会,支持幼儿在生活中自然学习。

④幼儿生活愉快、轻松、自主、有序,有良好的生活卫生习惯和基本的自理能力。

(三)游戏的支持与引导

游戏是幼儿的基本活动,也是教育的重要手段,是幼儿主动学习、实践探索与自主发展的最佳途径。游戏活动可以使幼儿处于积极主动的状态,可以有效地促进幼儿情感、社会性、认知能力及身体等多方面的发展。因此,游戏的支持和引导,是幼儿园保教工作的重要内容。教研员需要从幼儿学习方式的视角正确对游戏进行管理与评价。

1. 游戏的支持与引导的价值定位

(1) 增强幼儿积极的情绪体验

游戏为幼儿提供了一个满足他们精神需要和操作愿望的途径。幼儿在动手参与的活动中,展现自己的想法,获得愉悦的体验。教师对幼儿游戏兴趣的呵护与支持会让幼儿更愿意表达,更加自信和自主。

(2) 了解幼儿的兴趣和需要

教师在游戏中的支持和引导给了教师观察幼儿游戏状况、了解游戏进展情况的契机,为有针对性的指导提供依据。

(3) 促进幼儿的全面发展

教师的支持和引导可以拓展幼儿的思路,丰富游戏内容,可以帮助幼儿解决他们胜任不了的问题，扫清游戏中的阻碍，还可以明晰游戏下一步的探究点，让幼儿在生动有趣的游戏中深入学习，从而使幼儿在身体、智力、情感、社会性、语言等方面得到全面发展。

2. 游戏的支持与引导的管理与评价要点

（1）是否能提供符合幼儿需要、年龄特点和发展目标的游戏条件

①有足够的游戏时间：教师要给予幼儿充足的持续探索的游戏时间，让幼儿在充分的自我体验中满足身心发展的需要。

②有适宜的环境支撑：环境是指安全温馨、氛围宽松、自由自在、充满趣味且适合幼儿，并能引发幼儿持续探索和发展的环境。《幼儿园教育指导纲要（试行）》指出空间、设施、活动材料和常规要求等应有利于引发、支持幼儿的游戏和各种探索活动，有利于引发、支持幼儿与周围环境之间积极的相互作用。

（2）是否能充分利用与合理设计游戏活动空间

①教师在班级中合理分区，既要保证各区域之间的幼儿能够互动交流，又要避免区域之间活动相互干扰。

②教师应依据幼儿的年龄特点和兴趣需要提供材料，并不断调整材料。游戏材料是开展游戏活动的基本条件，所以材料要丰富适宜，满足幼儿的游戏需要。

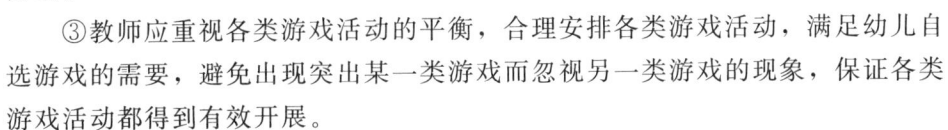

③教师应重视各类游戏活动的平衡，合理安排各类游戏活动，满足幼儿自选游戏的需要，避免出现突出某一类游戏而忽视另一类游戏的现象，保证各类游戏活动都得到有效开展。

（3）能否鼓励幼儿自主选择游戏内容、伙伴和材料

①给予幼儿自由选择的机会：游戏是幼儿为了寻求快乐而自愿参加的一种活动，其实质就在于幼儿的主体性、自主性能够在活动中实现。因此，教师应给幼儿自由选择的机会，并给予幼儿充分游戏的时间，满足幼儿自主游戏的需要。

②给予幼儿自主创造的机会：教师在游戏过程中不限制幼儿的思维，鼓励幼儿大胆动手尝试，发现幼儿在游戏过程中具有创造性的想法和表现。

（4）是否能引导幼儿在游戏活动中获得身体、认知、语言和社会性等多方面发展

①合理参与幼儿游戏：教师的合理参与是提高游戏质量的必要条件。教师需要抓住教育时机，适时介入，还需要了解游戏内容，主动跟进，丰富幼儿的探索经验，提高幼儿的游戏水平。

②观察和判断幼儿的游戏需要：教师应做一个观察者和支持者，不去干涉和干扰幼儿，适时给予帮助，支持幼儿主动、创造性地开展游戏。

③关注幼儿的游戏体验，提供多种适宜的个别化指导：教师通过提问、启

发、参与游戏、平行游戏等多种方式与幼儿互动，给予幼儿表达情感的机会，关注有需要的幼儿。

游戏环境的创设、游戏中的引导、游戏后的分享是教师专业化的集中体现，展示了教师观察幼儿、分析与解读幼儿、支持幼儿活动的能力。

范例

北京市西城区幼儿游戏支持和引导能力评价标准（2015年）

①给幼儿充分的自发、自主游戏的时间和空间，并依据实际灵活调整。

②活动区设置科学合理，能够满足幼儿全面发展的需要。

③材料符合幼儿的年龄特点，具有趣味性、丰富性、开放性、挑战性，能满足不同幼儿的游戏需要。

④注意观察和发现幼儿的兴趣、已有经验、想法和需要，给予适时适度、多种形式的支持和引导。

⑤灵活运用多种形式，鼓励幼儿分享游戏的感受和经验。

⑥幼儿游戏时积极、主动、专注，情绪愉快，能遵守共同约定的游戏规则。

（四）教育活动的计划与实施

教育活动是教师有目的、有计划地在班级中开展的活动。具有良好的教育活动的计划和实施能力的教师能够体现《幼儿园教育指导纲要（试行）》《3—6岁儿童学习与发展指南》对教育活动的要求，在组织教育内容时充分考虑幼儿的学习特点和规律，使各领域内容有机联系、相互渗透，注重综合性、趣味性、活动性，寓教育于生活、游戏之中。教研员首先要清楚不同年龄段幼儿的发展特点，树立整合意识，关注活动的有效性。

1. 教育活动的计划与实施的价值定位

（1）为幼儿提供共同学习的机会

教师在集体活动中，创设幼儿之间、幼儿与教师之间互相交流、合作分享的平台，帮助幼儿有效利用同伴、教师资源进行互动学习。

（2）丰富幼儿的原有经验，并拓展新经验

教师在设计与实施教育活动的过程中，考虑幼儿原有的发展水平和经验，引导与支持幼儿的原有经验得到丰富。

2. 教育活动的计划与实施的管理与评价要点

（1）教育活动计划的制订

教育活动计划的制订能力是指教师在具备基本的专业知识和教学技能的基

础上，能够综合运用这些知识和技能，设计出适当的教育活动的能力。教育活动中教师的教学行为会受到多种因素的影响，如教师的教育理念、专业知识、外在的教学情境等。在实际教学中，这些因素会首先体现在教育活动计划的制订上。

①是否领会《幼儿园教育指导纲要（试行）》《3—6岁儿童学习与发展指南》的精神，将先进的教育理念运用于活动设计中，整体把握活动目标的设置和活动内容的选择。

②是否把握本阶段幼儿发展的一般水平，同时充分了解本班幼儿的发展水平，确立活动目标和内容。

• 教育目标要全面，注意幼儿情感、态度、能力等多方面的提升，重视幼儿学习兴趣、习惯的培养。教育目标不能过低或过高。

• 教育活动内容能结合幼儿生活，让幼儿有直接经验，利于幼儿接受。

③是否充分运用教育资源：教师有意识地从幼儿学习方式的角度选择教具、学具等，充分考虑幼儿在活动中的主体性，发挥材料的支持作用，综合运用教师资源、同伴资源、家长资源等，为幼儿的活动服务。

④是否符合幼儿的学习方式，便于幼儿在感知、操作、探索中学习，能为幼儿提供思考的空间。

（2）教育活动的实施

①组织是否有序，时间空间安排是否合理：教师应在活动中合理管理幼儿行为，恰当处理教学过程中的意外事件。活动时间应符合不同年龄段幼儿注意发展的特点。

②活动层次是否清晰，重难点是否突出：各环节应相互联系，有突破重难点的策略方法。

③是否运用适宜的教育组织方式：组织方式应体现趣味性、综合性和生活化的基本原则，能灵活运用集体、小组、个别活动等多种组织形式，培养幼儿的合作意识并提供相互学习交流的机会。

④是否能引导幼儿主动学习：教师应提供开放的、能激发幼儿探究欲望和思考的环境，注重幼儿的主动探索、操作实践、合作交流和表达表现等，支持和促进幼儿主动学习。

⑤策略是否适宜：教师应以幼儿为主体，发挥自身的主导作用，通过开放性提问、即时追问、梳理提升等回应策略，更好地促进师幼互动；在教育活动中观察幼儿，根据幼儿的表现和需求适时地调整活动的进程与方式，引导幼儿主动、创造性地学习。

⑥是否能够因人施教：教师应尊重幼儿的发展水平、能力、经验、学习方

式等多方面的个体差异，因人施教，努力使每一个幼儿都能获得满足与成功；知道并认同幼儿学习方式的多样性，在教育活动实施中考虑幼儿需求和发展的多种可能性，为每个幼儿提供适宜的教育。

⑦幼儿参与度是否较高：幼儿参与度是评价幼儿园集体教学质量的重要标准。幼儿参与不仅是行为的参与，更是心理的参与，具体表现为情绪情感体验充分，有主动学习的态度和倾向，参与持续时间长，获得探究和表达的机会多，在活动中积极参与并自主解决问题。

在"幼儿是活动的主体"教育理念的指导下，教育活动的计划与实施也开始关注幼儿的前期经验、幼儿的实际发展水平、幼儿在活动过程中的经验和感受。活动的最终目的是促进幼儿全面发展，因此，幼儿在活动中获得了哪些发展是教研员需要关注的问题。

范例

北京市西城区幼儿园教育活动计划与实施评价标准（2015年）

①全面分析本班幼儿的学情，生成或确立适宜的目标和内容，并进行自然整合和渗透，促进幼儿多方面发展。

②把握幼儿的学习方式和个体差异，发挥幼儿在活动中的主体性，采取适宜、有效的支持策略，灵活开展多种形式的活动。

③关注幼儿的学习过程，把握各领域的核心价值，解决学习重点、难点问题。

④合理利用资源，提供适宜环境，支持幼儿在与环境相互作用中主动学习与探索。

⑤幼儿积极、主动、思维活跃，在学习过程中有收获。

大方家回民幼儿园教育活动计划与实施评价标准

项目	要素	评价标准
教育目标	适宜并可落实	目标比较适合本班幼儿的实际发展水平，切合活动内容，学科特点突出，明确具体，落实性强。
	突出重点、科学把握	领域核心目标突出，科学把握幼儿情感、态度、知识、技能等方面的发展目标。
	实际达成、灵活调整	基本实现预期的活动目标，并能根据具体情况灵活调整预设的教育目标；调整后的目标与活动存在着有机联系，并对幼儿发展有重要意义。

续表

项目	要素	评价标准
教育内容	与目标一致	教育内容与目标一致，且具有一定的挑战性，较好地丰富幼儿的经验。
	适宜本班幼儿	基于幼儿的原有发展水平和经验，符合幼儿的需要和兴趣，体现幼儿学习的探索性。
	生活性	贴近幼儿的现实生活，能引发幼儿的有效学习，有助于拓展幼儿的经验和视野。
教育过程	环节合理	各环节设计合理，衔接自然，紧扣教育目标，逐层深入；重点突出，难点有突破。
	材料适宜	活动材料能满足不同幼儿的发展需要，有利于幼儿从多角度获得经验，体现对不同幼儿发展的引导。
	策略有效	把握幼儿的年龄特点和学习方式，采取适宜的教育策略，有效地引导幼儿在感知、体验、发现的过程中积极主动学习，为幼儿留下自主探究、思考的空间。
	师幼互动	关注幼儿在活动中的表现和反应，及时捕捉有价值的信息，形成合作探究式的师生互动。
	个别关注	关注幼儿的个别需要，及时地以适当的方式应答，努力使每个幼儿获得满足和发展。
幼儿表现	发展性	能够运用已有经验提出和解决问题，并在活动中获得新的经验。
	参与性	积极参与活动，注意力集中、思维活跃，用各种方式大胆表达和表现。
	互动性	乐于和教师、其他幼儿、周围环境积极互动。
	行为习惯	在活动中表现出良好的卫生习惯、学习习惯、生活习惯。
班级氛围		教师之间、师幼之间、幼儿之间关系温馨和谐；班级保教人员配合默契。

(五) 户外体育活动的实施

户外体育活动包含幼儿操、户外集体游戏、户外分散游戏等形式。户外体育活动的实施能力是指教师能够根据户外空间的具体情况，合理地组织幼儿开展各项体育活动，通过活动促进幼儿生长发育、增强幼儿体质，同时培养幼儿勇敢坚强、反应灵敏等意志品质。

1. 户外体育活动实施的价值定位

(1) 增强幼儿体质，增进幼儿身心健康

教师合理地组织与实施户外体育活动，能够发展幼儿动作的灵活性和协调性，发展幼儿身体的平衡能力，促进幼儿多方面的动作发展和心理健康。

(2) 促进幼儿意志品质等的发展

幼儿在体育活动中，会出现不能坚持、怕困难等多种情况，而教师在户外体育活动实施中的引导能培养幼儿坚强勇敢、不怕苦难的意志品质，以及主动、乐观、合作的态度。

(3) 培养幼儿的安全自护意识和能力

教师和幼儿讨论确定户外体育活动的规则，有助于幼儿建立规则意识。幼儿在自主活动中，学会观察与注意，灵活处理活动中的问题。幼儿在教师的引导下，根据活动情况穿脱衣物，关注自己的身体情况，补充水分等。这些都是幼儿安全自护意识和能力的发展契机。

2. 户外体育活动实施的管理与评价要点

(1) 是否能保证户外活动时间

《幼儿园工作规程》规定"在正常情况下，幼儿户外活动时间（包括户外体育活动时间）每天不得少于 2 小时"。

(2) 是否能合理利用户外体育活动空间

合理划分场地，选择合适的体育器材，促进幼儿走、跑、跳、投等多方面基本运动能力的发展同时注意户外活动场地的安全性。

(3) 是否能提供丰富适宜的运动材料

选择适合不同年龄特点的材料，提供趣味性强、有层次的活动材料。活动材料数量要足够，材料要安全。

(4) 是否重视幼儿自我保护能力的培养

在允许幼儿自由活动的同时，要特别强调安全教育，向幼儿交代活动的规则和有关安全事项，增强幼儿的自我保护意识和能力。

(5) 是否能依据季节、天气、幼儿活动状况灵活调整活动强度和密度

根据天气变化和幼儿身心特点对活动场地和器材、幼儿活动量做出及时调整。

幼儿的身心发展特点决定了户外活动组织和安排必须科学合理，这也是幼儿园"保教结合"教育理念的重要体现。北京市教委学前处颁发的有关"开展阳光体育活动"的通知以及西城区幼儿园户外体育活动评价标准都很好地体现了设计科学、保教结合的理念。

范例

北京市西城区幼儿园户外体育活动评价标准（2015 年）

①能够针对本班幼儿现状，开展丰富多样、适合幼儿身心发展特点的各种活动。

②因地制宜创设安全、合理的活动场地，活动材料丰富，具有趣味性、层次性、挑战性。

③活动安排科学合理，符合季节和天气特点，强度、密度适宜。

④观察幼儿的活动情况，有针对性地进行支持和引导。

⑤幼儿在活动中积极、愉快，有安全自护意识，动作发展符合本年龄段应有的水平。

教师组织幼儿户外体育活动评价标准（2008年）[①]

评价指标	评价标准	分值	得分
目标内容（20分）	1. 有体育活动计划，教育目标明确、具体，符合本班幼儿的实际发展水平，并具有可操作性。	10分	
	2. 根据教育目标选择活动内容，能兼顾相关领域教育，满足幼儿的发展需要。	5分	
	3. 活动的选择符合肢体均衡、协调发展的需要，并具有趣味性。	5分	
活动准备（20分）	4. 根据活动内容和形式，选择适宜的活动场地。	6分	
	5. 根据目标要求选择器械材料，玩具材料充足，能满足不同幼儿的发展需要。	10分	
	6. 适时对幼儿进行安全教育，并做好场地、器械及幼儿服装等方面的安全检查。	4分	
活动过程（45分）	7. 精神饱满，能用简练的语言让幼儿明确活动内容和要求；示范动作准确有力、口令规范。	8分	
	8. 灵活运用适当的组织形式与方法开展各项活动，活动过渡自然安全。	6分	
	9. 能科学地安排运动负荷、运动强度和运动密度。	8分	
	10. 注意观察幼儿的活动情况，有针对性地反馈、调整幼儿的活动需要，根据个体差异进行随机教育，调动幼儿主动活动的积极性。	8分	
	11. 引导幼儿遵守活动常规，注意培养幼儿友好合作的意识。	6分	
	12. 能够根据季节变化安排活动内容，并关注幼儿的身体健康。	4分	
	13. 确保1小时户外体育活动时间，集体与分散活动时间适度。	5分	

---

① 摘自北京市教委学前教育处关于"开展阳光体育活动"文件，2008年。

续表

评价指标	评价标准	分值	得分
活动效果 （15分）	14. 幼儿能充分利用教师提供的运动器械和玩具材料主动参与活动，情绪愉快，对体育活动有浓厚兴趣。	8分	
	15. 幼儿的各种基本活动能力达到同龄幼儿的发展水平。	7分	
定性评价			
总分			

三、保教队伍专业提升的管理与评价

保教队伍专业提升是幼儿园在对保教人员的保教专业能力进行评价与分析的基础上，根据幼儿园保教工作的目标，通过园本教研、培训、观摩、外出学习等方式，为保教人员的专业发展提供支持所做的工作。

教育改革对教师的专业知识、专业能力和专业精神赋予了新的内涵和期待。园所要提供适宜的条件帮助教师实现专业成长，引领教师通过学习来应对变革。保教队伍专业提升，主要通过园本教研和园本培训学习来开展。教研员在管理与评价保教队伍的专业性方面，要充分重视园本教研和园本培训的作用，要通过实际考察、查阅资料等方式了解教师的专业能力。

（一）保教队伍专业提升的价值定位

1. 提高保教工作质量和教师素质

幼儿园以对保教工作中实际问题的研究为内容，通过开展的园内教育研究活动、培训活动为教师的专业成长助力，为幼儿园保教质量的提升护航。

2. 促进幼儿身心全面和谐发展

幼儿园通过有针对性的教研和培训活动，帮助教师解决实际问题。在这一过程中，教师更新专业理念，丰富专业知识，提升专业能力，进而促进幼儿身心的和谐发展。

（二）保教队伍专业提升的管理与评价要点

1. 园本教研

园本教研包含园本教研工作和园本教研活动。园本教研工作是指幼儿园在开展教研活动的过程中，提供的组织管理保证、计划保证及相关资源支持，这是幼儿园顺利、有效开展园本教研的基本保证。园本教研活动是指幼儿园基于教育教学中的问题和教师的困惑，有计划、有组织地引导教师开展实践研究，群策群力解决问题的过程。

（1）园所是否有园本教研制度

幼儿园要建立园本教研制度，使园本教研规范化、有序化。园本教研制度要围绕调动全体教师积极主动学习与研究的目标，通过执行、评价、讨论、修改，逐步建立健全科学有效的园本教研制度体系。

（2）园本教研过程是否扎实

在园本教研过程中，幼儿园是否抓住教育教学中的实践问题进行有针对性的研究，研究过程中的主题是否能丰富教师的经验，教研的形式是否有效，教研主持人在教师研讨的过程中是否能梳理教师的经验、起到引领作用，这些都影响到园本教研实施过程的有效性。

（3）园本研究成果是否落实到教育实践中

园本教研的功能之一是促进教师的专业发展。教研活动应解决教师共同存在的具体问题，帮助教师带着方法回到班中去进行验证。

2. 园本培训

园本培训是指幼儿园从日常教育实践出发，立足于解决教师在实践中面临的真问题而开展的学习、培训活动。

（1）园所是否有科学的师资培训方案

幼儿园要制订科学合理的培训规划，力争做到培训的制度化、规范化、多样化，完善培养目标体系和评估方式；建立完善培训激励机制，使培训与教育质量的完成情况联系在一起，保证培训工作落到实处。

（2）园所是否开展多种形式的园本培训

幼儿园要鼓励教师积极参加学习、进修活动，为教师提供各方面的培训条件，以更新教师的教育观念，提高教师的教育理论水平。教师业务学习必须结合工作实际，采取多种形式，如经验介绍、观摩、参观、学习、讨论等，要追求实效。学习内容要有一定的针对性、导向性。

（3）园所是否采取有针对性的措施培养不同层级的教师

不同层级的教师在实践中的专业需求不一样，因此，幼儿园需要依据教师不同的需求和专业发展方向，提供有针对性的指导，比如，开发青年教师园本培训课程、制订师徒结对方案等。

（4）园所的培训安排是否具体合理

幼儿园工作任务繁多，有时过多事务性的工作可能会挤占园本教研和培训学习的时间。因此，幼儿园必须加强园本教研和培训计划的制订和执行过程的管理，定期交流和检查计划的执行情况，及时进行调整和调控。园本教研和培训学习安排要具体合理，保证教研和培训能逐层深入开展，体现实效性。

范例

北京市西城区园本教研工作评价标准（2013年）

沈心燕　顾春晖

项目	评价指标	评价标准	分值	评分
教研管理（20分）	教研组织机构（2分）	教研组织、机构、制度健全，能保证日常教研工作的正常进行。	1分	
		能够根据本园人员配备情况形成教研支持团队，充分发挥其作用，保证园本教研可持续发展。	1分	
	教研工作计划（4分）	能结合保教工作的实际需要及不同层面教师的专业发展需求制订切实可行的学期计划。	2分	
		研究主题确切，目的明确，主线清晰，研究过程能体现研修一体。	2分	
	教研工作落实（3分）	根据学期教研计划组织、安排活动，做到时间、人员、内容、组织有保障。如需调整，理由应充分，并在教研总结中有所说明。	3分	
	相关理论支持（2分）	能及时收集与研究专题相关的理论资料、信息，灵活采用多种方式供教师学习、参考、借鉴。	2分	
	教研工作总结（4分）	能通过问卷等多种途径了解教师的反馈意见，对照教研计划及实践反馈，反思教研效果，梳理教研经验，完成教研总结。	2分	
		教研总结切合实际，分析全面，有一定深度。	2分	
	教研资料积累（5分）	教研资料收集齐全，分类整理清楚有序，管理完善（计划、总结、活动记录、音像资料、教师体会、教师研究成果等）。	3分	
		教研资料能够反映出教研的思路、过程以及效果。	2分	
教研专题（15分）	选题的园本性（10分）	能够针对教师普遍存在的问题，选择影响本园教育质量的关键问题。	10分	
	专题的研究性（5分）	研究的专题具体、明确，贴近教师的日常实践，既有研究的可操作性，又有一定的探索空间。	5分	

续表

项目	评价指标	评价标准	分值	评分
教研组织与实施（55分）	教师的主体性（15分）	教师在日常工作中能够主动开展研究，积极思考，大胆尝试，不断进行实践的反思与调整。	10分	
		教师明了并认同教研计划，有机会参与教研计划的研讨或制订；知晓教研思路，能够有目的、有准备地带着问题和思考参与教研活动。	3分	
		教师困惑时，会主动寻求理论或他人的帮助，能将所学的观念和行为积极运用到实践中。	2分	
	同伴的合作性（10分）	教师能够大胆表达自己的想法，敢于质疑，群研互促，互助共享，为研究贡献智慧。	4分	
		管理者不将自己的想法强加给教师，能站在教师的角度，以平和的心态与教师平等讨论。	3分	
		能够开放本园教育、教研的过程，善于利用园内与园外的资源，支持园本教研的深入开展。	3分	
	研究的实践性（10分）	研究的问题和案例具有实践普遍性和典型性。	2分	
		注重教师在日常工作中的研究，研究能与日常实践同步。	4分	
		教师能及时运用研究经验改善实践。	2分	
		能够通过多种方式（形成制度等）及时将教师经过研究理解和认同的研究经验转化成日常保教工作要求，提升日常保教工作质量。	2分	
	管理者的专业支持性（20分）	教研符合《幼儿园教育指导纲要（试行）》《3—6岁儿童学习与发展指南》等所倡导的先进理念，对教师有引领作用。	3分	
		能够根据教师的不同需要灵活采用不同的途径和方法，给予每一名教师以专业支持。	2分	
		能够在研究教师的基础上深入思考教研工作，设计符合教师学习规律、能够有效改善实践的教研方式和过程。	5分	
		教研过程能够满足教师需要，促进教师主动学习，并有效解决教师实践中的问题。	5分	
		能有意识地引导教师搜集、学习理论，用理论分析实践，教师专业性。	3分	
		管理者能够根据教师对教研的评价和实践变化，反思教研支持方式，不断总结教研经验。	2分	

续表

项目	评价指标	评价标准	分值	评分
教研效果（10分）	教师的变化（5分）	教师对研讨的问题有正确的认识和感悟，观念和行为有所转变，教育实践有所改善。	3分	
		教师更加愿意在实践中开展研究，主体性逐步增强。	1分	
		教师的研究意识与研究能力增强，围绕研究专题有阶段性成果。	1分	
	幼儿园的变化（3分）	园所研究求真、务实、开放，人际关系平等、民主，引导教师在合作研究中共同提高。	1分	
		研究过的问题能在幼儿园日常保教工作中有改善，质量不断提高。	2分	
	管理者的变化（2分）	管理者对教育实践的关注和分析能力得到提高。	1分	
		尊重教师的意识和专业支持能力得到增强。	1分	
合计				

范例

北京市西城区园本教研活动评价标准（2013年）

沈心燕　左晓静

项目	评价指标	评价标准	分值	评分
		落实计划　周密组织　实现保障		
教研活动管理（5分）	组织安排（2分）	按照学期计划有目的、有步骤地开展园本教研活动，做到时间、人员、内容、组织有保障。如果调整，应有充分理由。	2分	
	人员分工（1分）	教研活动有明确的主持人和记录人，及时记录活动过程。如有需要，还要明确其他人员分工（如摄像人、小组召集人等），保证活动顺利完成。	1分	
	资料积累（2分）	重点活动应有完备的资料积累，如教研活动计划、活动照相摄像、活动纪要、活动反思、教师反馈、学习材料、观摩分析材料等。	2分	

续表

项目	评价指标	评价标准	分值	评分
教研活动设计（20分）		深入研究　科学设计　贴合教师		
	师情分析（3分）	能够以幼儿身心发展的特点与学习规律为基础充分分析教师的需要以及原有经验，然后进行教研活动设计。	3分	
	活动目标（3分）	既关注实际问题的解决，又关注教师的观念与行为的转变及专业能力的提高。	2分	
		目标明确、具体，且有针对性。	1分	
	活动内容（5分）	研讨问题明确、突出，能针对教师共同、真实的疑惑与需要。	2分	
		要解决的问题是教师在实践中存在的观念与行为方面的本质问题。	2分	
		研讨案例具有代表性和较强的研究价值，能引发大多数教师的关注和思考。	1分	
	教研方式（3分）	能够把握教师的学习方式，从而选择适宜的教研方式来有效实现教研目的。	3分	
	教研过程（6分）	能够把握教师的原有经验，科学设计教研过程，围绕教研目标的实现和教研重点的突破，细致推敲每个环节、每个问题、每个要点。	6分	
教研活动准备（5分）		精心准备　提前沟通　落实到位		
	经验准备（2分）	教师对本次研究内容有了解，有思考，有准备。	2分	
	物质准备（2分）	准备相关学习资料等。	2分	
	组织准备（1分）	根据需要与相关人员提前沟通或共同备课等。	1分	

续表

项目	评价指标	评价标准	分值	评分
教研活动过程（50分）		平等对话　引发主动　支持有效		
	研讨氛围（10分）	能够营造民主、平等的研讨氛围，关注和引发教师之间的积极互动，不以权威角色来暗示和引导教师。	5分	
		主持人能够鼓励和调动教师大胆表达，认真倾听教师想法，关注教师感受，尊重教师差异，能给予教师积极回应。	5分	
	教师主体性的发挥（10分）	教师状态积极、主动，进行思维参与和经验参与，能根据《幼儿园教育指导纲要（试行）》《3—6岁儿童学习与发展指南》和相关理论，结合自己的教育实践充分发表见解，主动贡献智慧。	3分	
		教师心态开放，坦诚相待，能够客观听取别人的意见，敢于相互质疑、辩论。	4分	
		不同层次、经验的教师都能够参与其中，积极思考和表达，不沉默从众。	3分	
	主持人的专业支持作用（30分）	能通过创设问题情境，引发教师的认知冲突，自下而上的引导教师发现问题、反思问题。	5分	
		能以提问、追问、板书等多种方式引导教师将幼儿表现、教师行为、教育目标结合起来分析，深入研"生"、研"学"。	5分	
		能围绕研讨主线引导教师展开充分、深入的讨论，重点突出。	5分	
		注意引导教师结合需要学习理论，用理论分析实践，提高教师专业性。	5分	
		有一定的生成意识和能力，能够及时抓住活动中有价值的研讨点，促成教师深入讨论。	5分	
		能和教师一起对研讨内容进行梳理，总结出大家所达成的共识或存在的问题。	3分	
		能和教师一起明确后续研究的具体问题及任务，鼓励教师在后续实践中大胆尝试与研究。	2分	

续表

项目	评价指标	评价标准	分值	评分
教研活动反思（10分）	反思客观　分析深入　注重调整			
	客观了解（3分）	有效收集教师信息，客观了解教师收获。	3分	
	深入分析（4分）	在教师反馈的基础上思考活动的效果，准确挖掘活动的优点和不足，深入分析存在的问题。	4分	
	总结调整（3分）	能够在反思的基础上总结教研规律，丰富教研经验，明确教研方向，提出下一步研究设想。	3分	
教研活动效果（10分）	参与主动　过程有益　愿意探索			
	教师的问题解决（5分）	活动能够有效解决教师的问题，使教师有收获，对本次研讨的问题有新的认识和感悟，对核心理念和问题能达成共识。	5分	
	教师的主动学习（3分）	教师对所研究的问题关注度高。活动过程能够促进教师主动学习，支持教师自主发现和解决问题。	3分	
	教师的研究愿望（2分）	活动能够激发教师进一步研究的愿望，使教师带着新的思考，愿意到实践中进一步探索和尝试。	2分	
合计				

第三节　管理与评价的实施方式

根据幼儿园的实际情况，制定和形成一套系统、科学、合理、可操作的管理与评价体系，定期对保教工作进行检查、指导、考核和评估，是学前教育教研员工作的重要内容。在本节，我们主要从搜集信息的途径、基本方式、结果的反馈三方面阐述管理与评价的实施方式。

一、搜集教育教学管理与评价信息的途径

教研员评价幼儿园教育教学管理的方式是丰富多样的。评价的目的不同、内容不同，评价的方式也不一样。评价方式的多样性决定了搜集评价信息途径的多样性，概括起来主要有以下几种。

（一）实地观察法

实地观察法是评价者通过实地观摩考察获取第一手材料的方法。评价者对所关注的行为或事件进行详细记录，然后进行分析评价。实地观察既要全面，又要突出重点；既要浏览，又要细查。

（二）问卷调查法

问卷调查法是教育教学评价中收集信息的一种重要方法，因为它是通过书面形式进行调查的，所以具有诸多鲜明的特点和其他方法不能代替的作用。问卷调查法是评价者和评价对象之间的一种间接交流方式，这一方式可以在短时间里收集大量的书面材料，如通过教师和家长问卷掌握一些相关资料。

（三）自评报告法

自评报告是幼儿园或教师对自己的工作进行检查后所做的自我评价报告。自评报告法不但能够增强幼儿园干部和教师的自我评价能力，而且有利于加强和改进他们的工作。幼儿园干部和教师可以根据评价指标体系，对照园所和个人的工作情况，逐条检查后提交自评报告。

（四）查阅资料法

幼儿园开展教育教学活动都会留下过程性资料。教研员对教师教案、观察笔记、教育随笔、园本教研计划与总结等资料进行查阅，可以看到幼儿园教育教学活动开展的轨迹，看到园所重点讨论和解决的问题，看到园所在教育教学方面取得的进展。

（五）测量法

测量法运用各类教育教学评分表逐项衡量量表的指标，进行评分，最后确定总的评分结果。

《幼儿园教育指导纲要（试行）》强调"幼儿园教育工作评价实行以教师自评为主，园长以及有关管理人员、其他教师和家长等参与评价的制度"，明确了自我评价的重要作用。教研员对教育教学的评价主要在日常活动与教育教学实践现场采用自然的方法进行。但是幼儿园教育教学活动极其复杂，使得任何一种搜集评价资料的方法都不是万能的。每一种方法都有自己的长处和缺陷，都有特定的使用范围和界限，需要教研员依据不同情况综合加以运用。

二、开展教育教学管理与评价的基本方式

（一）定量评价

定量评价是以教育测量为基础，收集和处理数据资料，为评价对象形成定量结果的价值判断。

长期以来，人们习惯于采取定性分析的方法评价幼儿园教育教学，即根据

班级半日活动，对教育过程给予一定程度的肯定与否定。这种方法虽然在某种程度上也能反映幼儿园教育教学水平，但缺乏定量分析，受个人主观判断影响大。因此，定量评价在使评价客观化、科学化、公正化方面具有积极意义。

开展定量评价需要注意以下问题。

1. 评价标准本身科学合理，体现正确的儿童观、教育观

评价标准既要符合国家教育方针和相关政策文件的要求，又要遵循教育的自身规律和儿童的身心发展规律。

2. 评价标准具体，具有可操作性

评价标准的每条内容要逐级分解为具体、可测、行为化的指标，可操作性强，不易产生歧义。

3. 注重过程变量，尤其是对教师行为的评价

每一项评价指标的制定都起着一定的导向作用，对教师的观念和行为、幼儿园质量产生潜移默化的影响。所以评价标准的制定有很大难度，需要教研员认真对待、反复推敲。如果教研员由于自身的学习理解不到位，或者对修订标准工作重视不足，导致评价标准不能与时俱进，那教师进步的步伐必将受阻。

（二）定性评价

定性评价是评价者根据对评价对象的表现或文献资料的观察和分析，利用评价者的知识经验对评价对象形成定性结论的价值判断。

教育中的一些因素较难量化或者缺乏客观资料。我们将评价的目的放在幼儿园教育质量的稳步提高上，决定了定性评价是不能被忽略的。量化评价能够提高结果的精确度，但并非所有的考核结果都能够用数量表示，也并不是所有用数量表示的结果都是准确合理的，所以定性方法在获取丰富真实的评价信息方面有优势。

开展定性评价需要注意以下问题。

1. 要充分突出重点，抓主要因素

与定量评价相比，定性评价针对性很强，所得出的结论对于改进工作有直接的帮助。因此在评价过程中，教研员要抓主要因素，少抓次要因素；抓最核心的问题，不抓所有的问题。例如，教研员要抓教师教育观念上的问题，而不是抓琐碎问题。

2. 要关注评价对象比较关心的、亟待解决的实际问题

评价的目的是改进实践工作。教研员作为幼儿园教育教学工作的指导者，要了解幼儿园在当前实践中的需要，要关注园所比较关心、迫切需要解决的问题，找出症结，指明改进的方向。

幼儿园教育教学活动是多种因素相互作用的结果，所以教研员在评价中需

要重视定性评价和定量评价的综合运用。教研员单纯采用量化的方法进行评价，容易把复杂的教育教学现象简单化；单纯采用定性的评价方法，可能使评价具有主观性和随意性。因此，教研员必须把定量评价和定性评价结合起来，才能使评价工作收到良好的效果。

三、对教育教学管理与评价结果的反馈

管理与评价是手段而不是目的。通过管理与评价，管理者和教师能及时了解保教工作中的成绩和问题，及时调整工作思路和方法，制定具有针对性的措施，进一步提高幼儿园保教工作质量。评价过程是一个双向过程，要建立在双方互信的基础上，营造和谐的沟通氛围。教研员在管理与评价结果的反馈中，要注意以下三点。

（一）充分意识到管理与评价的导向作用

管理与评价要遵循客观、准确、科学、民主的原则。教研员要正确看待评价得到的信息和结论，意识到评价的导向作用。教研员要对评价结果进行全面解释，并对每一个班级的教育形式和特色加以充分考虑，不因个人好恶或个别数据和现象下结论，让评价结果真正使评价对象受到启发，使明确评价对象在今后一个时期内的发展方向，真正做到发展性评价。同时，教研员还要对评价过程及结果进行反思，包括对评价目的、评价方法、评价主体及评价内容的反思，这样可以更清楚地审视评价过程，从而更客观地认识评价得到的信息和结论。

（二）重视对管理与评价结果的跟进

在管理与评价完成以后，教研员要对评价结果进行追踪。幼儿园要根据评价得到的信息和结论，为提高保教质量，制订适合自身的发展计划。教研员要建立和被评价幼儿园之间及时沟通、协商和对话的机制，了解幼儿园改进工作存在的困难以及工作进展情况，并给予适时帮助，从而尽早纠正和控制评价活动产生的不利影响。

（三）根据园所反馈信息，调整和修正管理与评价标准

评价标准要有助于幼儿园明确提升保教质量的方向和要求，成为质量保障的主要依据。评价之后，教研员要倾听幼儿园干部和教师的建议，形成贴近实际、便于操作、反映各利益群体诉求、能全面反映幼儿园保教工作质量的评价体系。教研员还要深入学习国家的相关法规政策、教育理论，研究保教工作，不断提高自身的专业性。在当前教育改革变化很快的背景下，很多理念和实践做法都在发展之中。例如，过去的区角游戏非常强调目标性，但现在更加强调游戏中幼儿的自主性。因此，教研员要做到与时俱进。